中国民族地区人与自然和谐相处的农耕智慧

◎ 刘北桦　唐志强　李建萍　主编

中国农业科学技术出版社

图书在版编目（CIP）数据

中国民族地区人与自然和谐相处的农耕智慧/刘北桦，唐志强，李建萍主编．--北京：中国农业科学技术出版社，2022.12
ISBN 978-7-5116-6180-7

Ⅰ.①中… Ⅱ.①刘…②唐…③李… Ⅲ.①民族地区－农业－传统文化－研究－中国 Ⅳ.①F327

中国版本图书馆 CIP 数据核字（2022）第 251381 号

责任编辑　穆玉红　李　娜
责任校对　马广洋
责任印制　姜义伟　王思文

出 版 者	中国农业科学技术出版社
	北京市中关村南大街 12 号　　邮编：100081
电　　话	（010）82106626（编辑室）　（010）82109702（发行部）
	（010）82109709（读者服务部）
网　　址	https://castp.caas.cn
经 销 者	各地新华书店
印 刷 者	北京建宏印刷有限公司
开　　本	170 mm×240 mm　1/16
印　　张	10.5
字　　数	180 千字
版　　次	2022 年 12 月第 1 版　2022 年 12 月第 1 次印刷
定　　价	58.00 元

◆◆◆版权所有·侵权必究◆◆◆

编写人员名单

主　　编　刘北桦　唐志强　李建萍

编写人员　第一章：赵雅楠
　　　　　　第二章：石　淼　李琦珂
　　　　　　第三章：李建萍
　　　　　　第四章：李建萍　于湛瑶
　　　　　　第五章：覃　奕
　　　　　　第六章：朱天纵　贾　敏

序

中国自古就是一个多民族的大家庭，在中华民族多元一体的格局下，各少数民族与汉族长期互动交流，共同创造了灿烂的中华文明。中国各民族广泛分布在自然生态环境各异的地区，在长期的生产、生活实践中，为适应特定的自然生态条件，经过世世代代的胼手胝足、辛勤耕耘，创造出多样的农业生产方式和生活方式，所取得的农业生态保护知识和经验，是中国传统农业文化的宝贵结晶，蕴含着丰富的生态智慧和可持续发展理念，在思想和方法上为实现中国农业现代化走绿色发展之路提供了有益的借鉴；尤其在节约农业资源、保护农村生态环境、发展循环农业、确保粮食安全、建设美丽农村、传承农耕文化等领域，具有现实的意义。

一、至今尚存的古代农耕"活化石"

民族地区的农耕文化是当地人民在历史长河中所创造、传承并保存至今的各种农业生产以及生活经验，"活化石"一词是对其活态性最好的诠释。中华民族起于多元，夏、商、周时期已有东夷、南蛮、西戎以及北狄等民族地区，农业作为其重要生产方式与之相伴而生，历经千年。相传，普洱茶是蜀汉时期诸葛亮入南中平叛时教会当地人种植的，其人工栽种已有1 800多年的历史。现代考古学已经证明，贵州省从江县侗族稻—鱼—鸭共生的农作方式，至少可溯源至2 000年前的汉朝。可见，民族地区的传统农业是华夏各民族人民友好交流的见证，是中国传统农耕文明乃至全球农业文明的重要组成部分。然而，现代生产方式对于传统农业生产方式的冲击极大，随着城市化和工业化迅速发展，大部分地区的传统农业生态系统遭受冲击而消失。而民族地区的传统农作方式一直沿用至今，这种"滞后性"反而使得许多传统农业生产方式与管理经验得以被完整保留。中国民族地区分布广泛，各地均有其独特的地形环境、生态条件以及所衍生的文化习俗，可为当今农业发展提供丰富案例；可以说，民族地区的传统农业现存案例是探寻人与自然和谐共生经验积淀的重要视角，这些案例跨越空间限制，久经时间考验，是民族地区完整保留下来的传统农业生产方式的精华。

二、蕴含朴素的农业生态理念

人与自然是构建人类命运共同体的物质基础。党的二十大报告指出，"大自然是人类赖以生存发展的基本条件。"尊重自然、顺应自然、保护自然，是全面建设社会主义现代化国家的内在要求，必须牢固树立和践行"绿水青山就是金山银山"的理念，站在人与自然和谐共生的高度谋划发展。作为一个可循环的系统，生态系统内部蕴藏着各种自然资源，人类首先应认知自然、了解自然，才能开发和利用自然。民族地区传统文化中"敬畏万物""天人合一"的生态伦理观，与绿色发展中"尊重自然""与自然和谐共生""人与自然是生命共同体"的理念是一脉相承的。民族地区传统农业重视人与自然的和谐关系，把农业生产中的人与自然作为对立统一的有机整体来对待，强调人对自然的利用、改造要以不违背自然规律为前提，发挥人的主观能动性。作为森林—村落—梯田—江河"四素同构"的生态系统，云南红河地区的哈尼梯田就是哈尼族人合理利用自然生物循环规律，实现人与自然高度和谐的典范，蕴含着"朴素的农业绿色发展思想"。新时代推进农业现代化，就要把农业生态系统的山、水、林、田、湖、草等要素作为相互关联的整体进行系统谋划，以系统论的思想和方法统筹治理山、水、林、田、湖、沙等。

三、为农业绿色发展提供活态基因

党的二十大报告指出："中华优秀传统文化源远流长、博大精深，是中华文明的智慧结晶。"报告强调，"坚持和发展马克思主义，必须同中华优秀传统文化相结合。只有植根本国、本民族历史文化沃土，马克思主义真理之树才能根深叶茂。"民族地区传统农业生态智慧是中华优秀传统文化的重要组成部分，对推进农业绿色发展和生态文明建设具有重要的启示意义。中国人多地少，水资源分布不均，这是基本国情。而民族地区大多为高海拔、多山、多旱地区，农业资源匮乏，农业生产难度较大。在长期生产生活实践中，各民族人民将自然资源与自己的生产生活融合在一起，探索出一条与自然和谐共生的道路，孕育了特色鲜明、多姿多彩的民族地区传统农耕文化，其至今仍然保留着许多优秀的活态基因。挖掘民族地区传统农业文化中所蕴含的智慧和经验，研究整理民族地区的生态思想，提炼其千百年来的发展法则，破解其顺应大自然、保护大自然，并与自然和谐共存与发展的奥秘，将其中的生态理念和生存智慧与当今的生产生活实践相结合，将与自然和谐共生的思想、观念、理念运用到现代科技研发中，对于推动农业绿色发展所必需的创造性转化、创新性发展具有重要的社会价值。

目前，国内外学者已对民族地区传统农业文化进行了诸多研究，取得了较为丰硕的成果，具有良好的研究基础，但从农业绿色发展角度出发，全面、综合论述民族地区传统农业文化内涵和价值的研究成果尚不多见，理论与实践相结合的深度还有待进一步挖掘，尤其在人与人、人与自然、人与社会和谐相处之道等方面还有很大探索空间。2021年，中国农业博物馆编写组承担了中国农业绿色发展研究会的"中国民族地区传统农耕文化对推进农业绿色发展的启示研究"课题，并在此研究基础上形成了《中国民族地区人与自然和谐相处的农耕智慧》这本书。本书从民族地区的自然条件和生态环境特点入手，系统研究民族地区传统农业特点、生态观念、保护制度及农业生产生活实践等内容；并从 20 个少数民族所保留下来的 48 个国家级传统农业文化遗产地出发，全面介绍了各种活态生态系统，揭示了其能延续至今的内在机理；同时，结合当代农业发展的大趋势，阐述了民族地区传统农业生态智慧对当代生产生活的启示作用，提出了弘扬传统农业生态智慧的措施建议。这对于传承和弘扬中华农耕文化精髓，促进人与自然和谐共生、不断推动农业绿色发展、助力乡村振兴具有重要的现实意义。

中国农业绿色发展研究会

2022 年 12 月

目 录

第一章　民族地区自然资源环境与传统农业的特点……………001

　　一、民族地区农业资源环境……………………………………003
　　二、民族地区传统农业历史演变………………………………006
　　三、民族地区传统农业文化特征………………………………009

第二章　民族地区传统农业的生态观念……………………………017

　　一、"万物有灵"的世界观………………………………………019
　　二、"物我同类"的生命观………………………………………021
　　三、"天人合一"的自然观………………………………………023
　　四、"顺应自然"的生态观………………………………………025
　　五、"共生共存"的环境观………………………………………027

第三章　民族地区传统农业的生态保护……………………………031

　　一、禁忌习俗……………………………………………………033
　　二、乡规民约……………………………………………………037
　　三、生态保护法令………………………………………………047

第四章　民族地区的生态实践 ·········· 059

　　一、民族地区生产方式中的生态实践 ·········· 061

　　二、民族地区生活方式中的生态实践 ·········· 075

　　三、民族地区生态实践中的文化表现 ·········· 089

第五章　民族地区传统农业文化遗产经典案例与生态机理 ·········· 093

　　一、民族地区传统农业文化遗产现状 ·········· 095

　　二、民族地区传统农业生态系统类型 ·········· 097

　　三、民族地区传统农业生态系统机理 ·········· 113

第六章　民族地区传统农业生态智慧的启示与建议 ·········· 129

　　一、当代中国农业发展趋势 ·········· 131

　　二、传统农业生态智慧对当代的启示 ·········· 136

　　三、弘扬传统农业生态智慧的措施建议 ·········· 146

参考文献 ·········· 152

第一章

民族地区自然资源环境与传统农业的特点

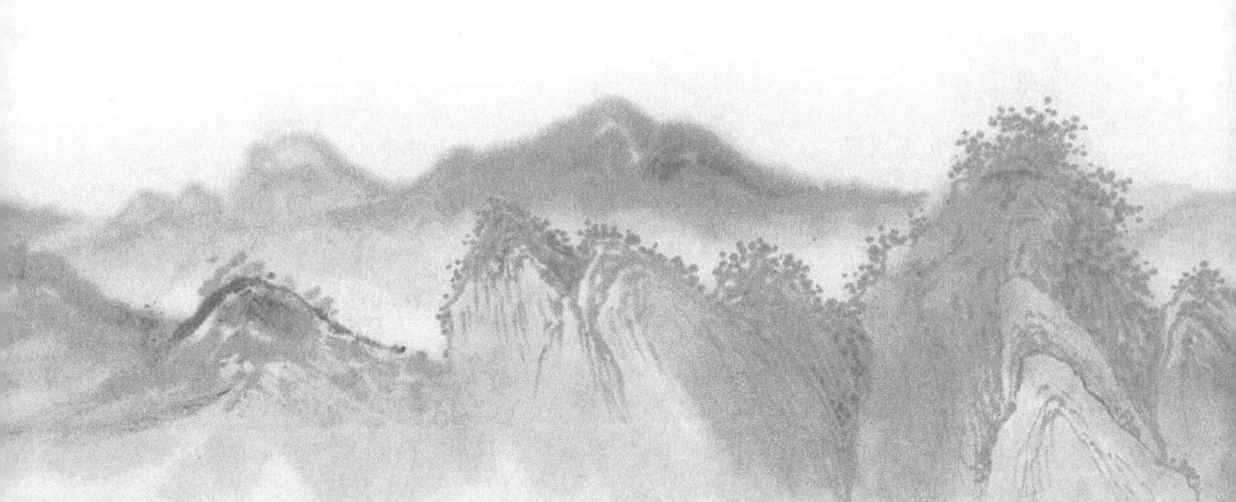

中国是统一的多民族国家，各民族在长期的历史交往中形成了平等、团结、互助、和谐的多元一体格局。少数民族同胞是中国传统农业的共同缔造者和继承者。同时，由于民族地区多样的生态环境，历史上具有不同于汉族地区的社会经济形态，以及不同的文化传统，因而形成了特色鲜明、多姿多彩的民族地区传统农业文化。民族地区传统农业是华夏各民族经济文化交流互鉴的重要见证，是中国传统农业文明乃至人类农业文明的重要组成部分。

一、民族地区农业资源环境

中华大地幅员辽阔，地貌类型多样，气候条件多样，不同地区的自然环境各具特色，因而不仅具有适合多种农业类型发展的生态条件，还具有能够容纳人群迁徙和回旋的广袤空间。"边""高""山""寒""旱"是民族地区地理环境的突出特点，这些也构成了民族地区农业资源环境的底色。

（一）少数民族与民族地区的形成

中国自古就是一个多民族汇聚的大家庭。回顾中华民族的形成过程，现有的55个少数民族及其祖先，绝大多数都历代生活在中国这片广袤的土地上，有文字可考的历史至少能够追溯到距今2 000年以前，越来越多的考古发现更延伸了我们对民族起源的认识，在古今之间建立起了不可磨灭的联系。而我们所说的"民族地区"，一般是指除汉族外各少数民族聚居的区域。

至迟在距今约6 000年前，中国境内各地就形成了特色鲜明的考古学文化。这些文化从生计方式到文化习俗都不尽相同，有专家依照文化面貌划分出不同的区系，如居中的中原文化区，周围的甘青文化区、山东文化区、燕辽文化区、长江中游和江浙文化区等，以及再向外围的许多其他文化区，它们合而宛如一个巨大的重瓣花朵。这些史前文化区系又常与古史传说中的各部落集团，如华夏、戎羌和东夷等的活动区域相联系，或许可以看作中华民族多元一体的底色，是民族地区形成的萌芽。及至青铜时代早期，有证据表明在黄河流域已形成了中国广域的王权国家，同时族群间的交流、迁徙与融合不断推进。秦汉建立中央集权制国家，主要聚居中原的华夏族继续吸纳其他民族的成分而形成了汉族，在中国北方则主要活动着肃慎、匈奴、东胡、羌等部族，南方主要有越、濮等部族，自此进一步奠定了中国统一的多民族国家格局。魏晋南北朝时期是民族分布格局发生变化的重要时期，经历了民族大迁徙、大流动和大融合的高潮后，全国范围内各民族"大杂居、小聚居"的分布格局初步形成。隋唐至元朝，中国封建社会经历了统一、分裂、再统一的发展历程，尤其是元朝作为中国历史上第一个完成统一大业的少数民族政权的出现，在很大程度上影响了民族分布格局的变化和发展。经过重组与整合，"大杂居、小聚居"的特征和趋势愈加明显。到明清时期，中国现有的55个少数民族已基本形成，民族分布格局也基本定型。

  从中华民族发展的宏观趋势来讲，在相对封闭的地理单元内，少数民族从周边地区向中原大规模内迁，汉民族从中原腹地向周边地区大量辐射的人口流动从未停止过。从先秦至明清时期，中华民族历经艰难曲折的发展历程，历经无数次民族大迁徙、大流动和大融合，最终形成了各民族"大杂居、小聚居"的分布格局。民族迁徙和人口流动，客观上也促进了不同民族间的交往与融合。

  根据中华民族形成和发展的历史及分布特点，中国政府实行民族区域自治制度，并设立了不同行政层次的民族地方自治。少数民族表现出相对集中的分布特点，同时不同民族间的杂居程度也比较深，形成了各自大小不等的聚居区交错分布的格局。按照现今的行政区划，一些人数较少的民族基本全集中在一个省（自治区）之中；人数较多的民族分布较广，但也主要集中在某一个或某几个省（自治区）内，在省（自治区）之下他们又往往集中于有限的几个县，甚至几个乡、村中。如维吾尔、哈萨克、柯尔克孜、塔吉克、乌兹别克等民族主要分布于新疆维吾尔自治区，哈尼、德昂、布朗、傣、阿昌、纳西、拉祜等民族主要分布在云南省，布依、水、苗等民族主要分布在贵州省，壮、瑶等民族主要分布在广西，藏族主要分布在西藏及川、青、甘、云各省（自治区）毗邻青藏高原的边缘地带，朝鲜族在吉林、黑龙江和辽宁有广泛分布。

（二）民族地区自然环境与农业特征

农业生产对自然条件有很强的依赖性。自然条件的空间变化不但能够决定农业生产的发展方向，而且影响农业生产的部门结构、耕作制度、区域分异以及相应的生产技术措施等。经过长期的历史发展，少数民族人口数量虽然相对较少，但分布地域却占全国总面积的一半以上，且地理环境具有"边"（边疆）、"高"（高海拔）、"山"（山区）、"寒"（寒冷）、"旱"（干旱）等特点，这些也构成了民族地区农业资源环境的基本特点。

据统计，中国边疆9省（自治区）居住着全国近70%的少数民族人口，边境县人口中约一半是少数民族。从地势特点上看，民族地区大约有93.5%的面积在中国地貌的第一、二级阶梯上。其中，在第一级阶梯青藏高原的面积达230万平方公里，占民族地区面积的36.8%；在第二级阶梯上的面积有350多万平方公里，占民族地区面积的56.7%。从地貌类型上看，民族地区山地、高原分布广泛；盆地、丘陵次之；平原狭小、分布零散。从气候特征上看，处于偏东部的民族地区主要属于受海陆季风控制的季风区，如延边自治州、内蒙古东部、黄河流域的河套地区、鄂西、湘西、海南省南部、广西、贵州和云南三个省区，以及甘肃南部、青海东南部、川西和西藏东南部等；内陆偏西部的民族地区主体表现为较强的大陆性气候，如内蒙古高原、黄土高原西部和天山山地等民族地区为半干旱气候区，塔里木、准噶尔、柴达木盆地和阿拉善高原等民族地区为干旱气候区。另外，由于民族地区多属边远山区，自然条件较为恶劣，许多地方并不适宜人类居住，因此各民族往往集中在该区域内水源相对充足、土地相对肥沃、交通相对便利的地方，如青海省70%以上的人口集中在占总面积4%的东部农业区。

民族地区的海陆位置与地形特点决定了其农业生产所需的水热与土地资源分布。在中国的版图上，南北向的400毫米等降水量线具有重要的地理学意义。从农业生产与经济生活方式的角度讲，东部与西部之间具有很强的异质性。其中西部地区正是少数民族集中分布的区域，"边""高""山""寒""旱"的特点尤为突出，人们充分利用当地以草原和荒漠为主的自然植被，以畜牧为经济生活方式的核心。东部地区水热条件较好，且雨热同期，总体适宜发展农耕经济。其中，少数民族聚居的东北、西南和东南地区地貌条件复杂，长期处于农耕、畜牧、渔猎和采集等相混合的生产生活状态。

二、民族地区传统农业历史演变

农业起源是人与动植物之间协同进化的过程，是人类社会、技术和经济不断发展的过程。作为一种生计方式，农业集中体现了人类的能动性。但就不同地区、不同民族的农业发展进程而言，其节奏并非整齐划一，农业发展的具体阶段和过程也是千差万别。

历史上，中国民族地区传统农业生产主要包括两种方式：一是以种植业为主，二是以畜牧业为主。不同地区，不同民族具有不同的特色。

在西南和东南地区，主要生活着藏缅语族、壮侗语族和苗瑶语族等诸民族。藏缅语族与西北地区的氐羌人有很深的渊源，因而耕猎兼营的特征比较突出，并发展出独具特色的畜牧业。牦牛是藏缅语族先民驯化的，商周以后成为青藏高原地区的重要畜牧品种。大约在隋唐时期，与内地邻近的青、甘、川、滇等地的少数民族农区，从汉族农区学习了更为先进的农耕生产技术，并逐渐形成了青藏高原以藏族为主的高原草场畜牧经济、云贵高原以彝族为主的山地混合农业经济，以及横断山脉"藏彝民族走廊"的山地耕牧型经济。壮侗语族先民是西南和华南地区的土著民族，多喜近水而居，或在平原低地生活，后有向山区迁徙的趋势。总体上看，壮侗语族先民长期从事狩猎采集和稻作农业。苗瑶语族先民多是山地民族，活跃在西南及华南地区的山区地带，形成山地耕猎型经济。但部分苗瑶语族先民可能发源于长江中游的平原地带，稻作文化也相当深厚，一直保有稻作传统，并在不同的环境条件下应用不同的耕种技术，其中经营梯田是苗族稻作农业的一大特色，另外还包括农、林、牧相结合，合理开发利用环境中的不同资源。

在西北和北方地区，少数民族经营的畜牧业最为典型，畜养的品种有牛、羊和马等。牛、羊和马均不是在中国本土驯化，而是在距今4 000年前后经由绿洲丝绸之路和草原丝绸之路传入的。此外，麦类作物较早为西北族群引种，时间约在青铜时代。在秦汉时期，西北和北方的少数民族就大体奠定了其传统农牧业的格局。兴起于蒙古高原的古老游牧民族"匈奴"东突西进，丁零、乌孙、鞑靼等或农或牧，加之中央政权对西北和北方地区的经略，形成了河套平原、宁夏平原、河西走廊、河湟谷地和新疆南部等重要农牧区。尽管唐朝之后西北和北方地区的民族分布格局发生了较大变化，但传统农业格局基本稳定发展。现在蒙古族、哈萨克族和柯尔克孜族等主要经营畜牧业，维吾尔族、塔塔尔族和撒拉族等主要经营农业种植业。

在东北地区，满-通古斯语族的发展有较为清晰的脉络，其有明确文字记载的历史可追溯至先秦时代的肃慎。分布在松嫩平原的肃慎诸部经营有农耕经济，在长白山以东及以北的肃慎诸部以渔猎经济为主。秦汉时期主要有夫余、挹娄、乌桓和鲜卑等部族，他们大都不同程度地吸收了中原地区的农业文化，无论农耕还是畜牧都出现了普遍的发展。隋唐时的靺鞨、宋辽时的女真，及至明清以降的满、锡伯、鄂伦春、鄂温克和赫哲族等仍十分倚重渔猎。此外，现聚居于东北地区的朝鲜族是清代从朝鲜半岛移居之后形成的一个民族，其自身具有较发达的稻作农业。在东北地区扎根后，也因地制宜地发展了稻作农业。

在民族地区传统农业的发展过程中，不同族群间的相互交流与影响十分广泛，这也更加说明了55个少数民族是中华民族优秀传统农业文化的共同缔造者与继承者。

首先，少数民族与汉族之间的农业生产交往。由于人口的增长、政策的引导，以及躲避战乱灾害等多种因素，汉族在壮大的同时不断向周边扩展，也直接或间接地带去了自身的农业经验。而中央政权对民族地区的开发与经营，更是少数民族吸纳汉族农业技术的集中促成因素，包括农具、畜力、农田水利、土地管理等等。另一方面，文明演化的一个普遍规律是对先进生产方式和技术的趋向和学习。因此在集权官僚制统治所及的范围内，凡是适宜农业（主要指种植业）生产的地区都会比较快地进行民族交流与融合。其次，少数民族之间也相互借鉴学习。如景颇族在百余年前主要经营旱地农业，管理十分粗放，处在刀耕火种、轮歇丢荒的锄耕农业阶段。在近代不仅受到汉族，也受到傣族、德昂族等少数民族的影响，开始经营水田，实现了由锄耕农业向犁耕农业的转变。在新中国成立以前，水稻产量在谷物总产量中的比重已可达到50%以上，水田农业也基本成为景颇族的主要生计。

从总体上看，在农业生产的对象、工具和技术等方面，民族地区传统农业与中原地区以汉族为主体的传统农业发展具有一定的同步性，但又有所滞后，特别是在农业种植业及其副业上；同一民族地区内部，及不同少数民族之间也存在不平衡性。同时，虽然部分民族地区传统农业的产出相对有限，但从绿色发展的角度看，往往具有适合当地自然和人文条件的优势，具有其内在的合理性，而这些也正是需要我们大力挖掘与弘扬的。

在历史上，民族地区传统农业思想理念的形成和发展经历了一个不断探索、曲折发展的过程。以云南红河地区哈尼族梯田生态系统的形成过程为例：哈尼族人最早居住在有高山、草原、大河的"虎尼虎那"地区。由于人口激增造成的资源枯竭，刀耕火种造成的生态破坏，以及瘟疫流行等各种因素，哈尼族先民在历史上被迫经历了几次迁徙。最后在红河南岸哀牢山区定居的哈尼人，依山就势，经过烧山、找田、挖田和挖水路等实践，逐渐摸索出一套开垦和管理水田的办法，创造了"森林—村寨—梯田—江河"四度同构的农业生态循环系统。这是他们历经千年经验的总结，是与自然不断磨合过程中探索出的和谐相处模式。

中华人民共和国成立后，党和政府不仅给予了少数民族合法而平等的地位，携手跨入社会主义，而且颁布了一系列有利于民族地区发展的政策措施，致力于在广大民族地区提高社会生产力，减少和消除贫困现象。民族地区传统农业也从中收益，呈现出新的发展样貌。改革开放以来，政府先后制定、实施了一系列倾斜性的发展援助和扶贫政策措施，出台了不少关于民族地区经济社会发展的专门规划，如民族地区事业发展规划、人口较少民族发展规划、兴边富民规划、边境地区发展规划等。在中国共产党成立一百周年的重要时刻，中国脱贫攻坚战取得了全面胜利，经济不发达的民族地区也彻底摆脱千百年来的贫困生活。许多民族地区发挥自身的传统农业优势，结合现代新技术与新发展理念，发展特色农业，让当地少数民族过上了幸福生活。

民族地区的农业文化遗产因其分布广泛、类型多样、内涵丰富而堪称典型代表，许多已经被列入全球重要农业文化遗产和中国重要农业文化遗产名录。随着国内外对传统农业文化和对具有系统性、活态性和动态性的农业文化遗产的关注，民族地区传统农业迎来了新的发展契机。民族地区农业文化遗产在促进乡村振兴、脱贫攻坚、文化传承和生态保护等方面都发挥了重要作用。面向未来，在保护好传统农业"活化石"的同时，树立新发展理念，弘扬传统农业的生态思想，传承民族地区传统农业文化的优秀基因，合理保护利用资源、维护生物多样性，运用现代科技和装备，着手解决传统技术体系丧失、生物多样性破坏、农业生态系统功能退化等问题，从而为农业高质量发展贡献力量。

三、民族地区传统农业文化特征

民族地区传统农业文化具有地域性、民族性、生态性、活态性、多样性五大特征。

（一）地域性

农业生产是一种利用动植物的生长发育规律、通过人工培育来获得产品的生产性经济活动，其发生、发展与自然条件有密切关系，民族地区传统农业文化的形成亦离不开其所在的地域空间。少数民族分布大杂居、小聚居，民族地区生态环境多样，构成了民族地区传统农业文化具有地域性的底色。

民族地区传统农业文化的地域性主要反映人们应对农业外部自然环境的过程，集中表现在农业生产生活中所需协调的人与"天""地"的关联关系，即对地区自然环境多样性的合理有效利用。不同的生态环境呈现出各异的农业生产方式；一定的地域范围内，相似的农业资源环境与人群间的交往学习，往往造就了邻近少数民族更为相近的传统农业文化。在宏观层面上，大体形成了东北地区、北方地区、西北地区、青藏高原地区、西南地区和东南地区等六个各具特色的民族地区传统农业文化系统。

东北地区森林密布、沃野千里，北部宜于狩猎游牧，南部可以进行农耕。东北地区少数民族的渔猎经济总体比较发达，同时不同程度地开展农业种植活动。北方地区的主要地理单元为内蒙古高原，整体平坦辽阔、水草丰美。当地少数民族形成了与草原相适应的农业生产方式，以畜牧业为主，兼有农业种植业。西北地区戈壁和沙漠景观突出，但山间峡谷与河流两岸有肥沃的草场，山脉积雪和冰川融水汇集滋润出大大小小的绿洲。哈萨克族、维吾尔族等少数民族经营的山区牧业和绿洲农业特色鲜明。青藏高原地区处于中国地势的第一阶梯，高寒环境下形成了民族地区的寒温带高原农牧业。西南地区地形地貌复杂，自北向南跨越亚热带季风和热带季风等多个气候带，民族地区农业生产方式的垂直性分布特征显著，其中稻作农业是比较普遍的农业生产类型。东南地区气候以高温多雨为特色，总体属农业生产的多宜地区，稻作农业和橡胶、咖啡、水果等经济作物的种植比较发达，当地的壮族、瑶族、黎族、高山族等少数民族亦多经营此类农业。

（二）民族性

对于民族地区传统农业文化的挖掘，少数民族族群人口的传统农业生产生活是首要内容。因为正是少数民族族群人口的活动与关系，才形成了少数民族的传统农业文化，其中蕴含着深刻的民族性。

民族地区传统农业文化的民族性集中反映了传统农业文化形成过程中，属于同一民族内部或不同民族之间的传承、分化与整合。在民族萌芽的过程中，最初在相当长的时间内是彼此相对隔绝的，每个群体生活在相对固定的地域，有各自相对独立的发展轨迹，也由此酝酿出不同的农业文化。不同民族地区的农业文化形成之后便具有相对的稳定性，并成为民族认同的重要组成部分。

民族地区传统农业的发展中，始终存在着不同民族对生态位的选择。不同生态位选择，是不同民族的文化传统与对环境的认知使然。以云贵地区为例，彝族、傣族、藏族和白族等所从事的农业活动就存在着明显差异。其中彝族、傣族和白族主要从事农耕经济，但彝族主要开展山地农业，少数分布在坝区的彝族以水稻种植为主；傣族倾向于选择低纬度、低海拔的盆地河谷地带，主要种植水稻和热带经济作物；白族主要分布在自然条件较好的地区，农业生产较为先进；藏族则主要生活在高纬度、高海拔地带，从事畜牧业和种植业。不同少数民族进入云贵地区出现多次迁徙浪潮，因而多带有比较深刻的迁徙记忆，生态位的选择也都与他们各自的历史有关，彰显了民族地区传统农业文化强大的民族性。

在农业生产生活实践中形成的节庆民俗和文学艺术等也集中体现了民族地区传统农业文化的民族性。在饮食习俗方面，如对于蒙古族、哈萨克族和柯尔克孜族等民族而言，肉食和奶制品占据着重要的地位，苗族、侗族和瑶族等则喜食糯稻，藏族和普米族等有以糌粑为主食的传统。在节庆风俗方面，指导农事活动的二十四节气为许多少数民族所应用，但无论在节历制定还是在仪式活动上，不同少数民族都在传承中融入了自身的民族特色。此外，还有更多与农业有关的民族特色节庆习俗，如藏族的望果节、彝族的丰收节、羌族的青苗会等。在文学艺术方面，各少数民族都有丰富的神话传说、民歌史诗、舞蹈和服饰等文化，其中很多形式与内容都来源于人们的农业活动，如哈尼族史诗《哈尼阿培聪坡坡》、蒙古族的牧马舞和赫哲族的鱼皮衣等。

（三）生态性

中国少数民族聚居的区域不仅生态环境多样，同时也多属于具有生态脆弱性、敏感性和重要性的地带。许多少数民族都处在中国大江大河的源头地区，对于水资源安全保护十分关键。民族地区生物多样性丰富，是中国乃至世界重要的生物基因库，对于物种恢复和保护都具有重要意义。民族地区还多属地势崎岖、干旱少雨和高寒等生态环境相对敏感而脆弱的地区，一旦遭到破坏就极难恢复，甚至造成难以弥补的损失，因而也一直是生态环境保护的重点和难点。因此，在农业生产生活中，各民族地区也都面临着巨大的生态挑战。而这种生态性也促使当地少数民族同胞在不断探索实践中，形成人与自然和谐共生的生态模式，并逐渐上升为相应的道德、公约、法则和文化，成为民族地区传统农业文化的一个突出特点。

民族地区传统农业文化中蕴含着深刻的生态思想。民族地区传统农业文化中的生态思想是各民族在农业文化体认、意识形态升华基础上逐渐酝酿形成的。其中以天人合一的自然观、万物有灵的世界观、物我同类的生命观、顺应自然的生态观和共生共存的环境观等为代表，是各少数民族中较普遍存在的生态思想。同时，因地域性与民族性的差异，不同少数民族在生态思想的具体内容与表达方式上亦有所差异。此外，中国少数民族的宗教信仰多元，而在文化生态中，许多文化事项都与宗教信仰有着千丝万缕的联系，宗教信仰也成为民族地区农业生态思想的重要来源之一。

民族地区传统农业文化中具备多层次的生态制度。民族地区传统农业文化中的生态制度是在长期的历史发展过程中，人们为维护农业社会稳定和社会秩序而形成的各种伦理道德和礼仪规范，具体包括社会法律法规、纪律制度、道德准则和社会约定等。纵观与农业有关的生态制度，各少数民族以自身的农业生产要素为核心，建立了包括草原保护、森林保护、水源保护、渔猎保护和农牧保护等在内的诸多乡规民约，并与当地的社会组织相配合，构成了较为稳固的基层监督管理体系；同时，还有相关地方性法律法规的订立，进一步保障和维护了民族地区农业生产生活的生态性。

民族地区传统农业文化中拥有丰富的生态实践。传统农业文化的核心是农业生产实践，因为无论农业思想还是农业制度都要从农业生产实践中总结升华，并最终仍要落脚于农业生产实践。各民族地区因地制宜，普遍摸索出了一套与当地生态环境相适应的农业生产技术和生产模式，体现了其传统农业文化的生态性。不同民族地区充分利用当地农业生物的潜在生态位，构建多位一体的农业生态系统；充分利用禽畜粪便和秸秆糠麸等"废弃物"，形成了"资源-产品-废弃物-再生资源"的环境友好型循环生产模式；采用生态技术调节食物链营养物质的联系、交换、转化和补偿关系，建立起多种复合型农业生产系统；保护并利用当地的生物多样性，丰富了农业生物资源。

（四）活态性

民族地区传统农业文化是过去曾经存在，现在仍然发挥作用的农业文化。其在历史上形成，且系统流传下来影响至今。因此，民族地区传统农业文化是动态存在的，是处在不断发展变化之中的，具有活态性。

民族地区传统农业文化的活态性以人们参与的生产过程为基础，其传承不能脱离不同民族特殊的生产生活方式，既具有稳固性也具有脆弱性。民族地区传统农业文化的核心组成部分是农业生产实践，此外包括不断积累形成的农业生产技能和知识等也都是重要的组成部分。而这些要素都是动态的，依赖生产活动而传承延续，在自然状态下具有绵绵相续的生命力。民族地区传统农业文化中的农业民俗更与人们的日常生活息息相关，更直接地与人们的衣食住行发生联系。如农业节庆，人们会举行各种活动，恪守特定的礼节或禁忌，这些往往以鲜活的形象、声音和技艺等为表现形式，在社会空间中代代相传。少数民族在传统农业活动中凝聚成的民族精神和民族心理，还构成不同民族农业文化的活的灵魂。与此同时，民族地区传统农业文化可能因传承链的断裂、生存环境的变化和破坏等而遭受打击，甚至土崩瓦解。因此"活态性"不仅是民族地区传统农业文化的特点，更是其存在方式。

民族地区传统农业文化的活态性还表现在其总是处于发展之中，在自然、现实和历史的互动中不断生发、变化和创新。民族地区传统农业文化的传承主体是具有主观能动性的各少数民族同胞。他们具有独立的思维，会随着其所处的环境、与自然界的相互关系和历史条件的变化而产生不尽相同的行为，并会随着时代技术的进步而有意识地进行创新和发展，特别是传承中形成的民族认同感和历史感能够激发人们的创造力。此外，民族地区传统农业文化在传播过程中也会产生变化和创新，这一方面是其自身具有的内在动力，一方面也是为应对外在影响而做出的调整和变化。

民族地区传统农业文化的活态性还得益于其传承主体的相对稳定。历史上从事或主要从事农业种植生产的少数民族有30多个，其中从事草原畜牧业的更是少数民族。根据2010年全国第六次人口普查资料，少数民族人口的主体仍主要从事农林牧副渔生产。同时，少数民族多聚居于荒僻偏远地区，其传统农业文化也就具有更为稳固的传承空间，保证其至今不断绵延的鲜活状态。

（五）多样性

不同少数民族在历史发展过程中形成了各具特色的传统农业文化，即民族地区传统农业文化的多样性。民族地区传统农业文化的多样性，源于农业生产生活实践的本土性，是在不同的自然环境与历史条件下交织形成的。

民族地区传统农业生态系统具有多样性。民族地区生态环境的多样性，孕育了其传统农业文化的多样性。民族地区气候各异，热带到寒带的气候类型一应俱全；地形地貌极其丰富，分布覆盖中国地势的第一阶梯到第三阶梯；水文和土壤条件多种多样；生物多样性富集。这些自然条件构成了形态各异、尺度大小的生态系统，为民族地区传统农业的多样性发展提供了丰富的生态资源。同时，由于地理的隔绝和地形的立体，不同民族地区传统农业文化的特色更加鲜明。

民族地区传统农业生产生活方式具有多样性。在中国民族地区中，不难发现迄今为止人类创造的各种传统农业类型。在解放初期，民族地区仍保留有原始公社制、奴隶制、封建农奴制和封建地主制等多种社会经济形态，还有一些甚至无法囊括于上述诸类之中，而具有自身更为独特的生产生活组织、制度和风俗习惯等。中华人民共和国成立前，仍处在原始公社制的少数民族有景颇族、独龙族、布朗族、鄂伦春族和赫哲族等。这些民族金属工具的使用还不普遍，"刀耕火种"是基本的农业生产方式，土地等生产资料由氏族、家族或村寨公有。奴隶制的少数民族以凉山彝族最为典型，生计方式以农业种植为主，"刀耕火种"的生产方式有所保留，在部族中有以血缘为基础的严格的等级制度。实行封建农奴制的少数民族主要有藏族、傣族、部分蒙古族和维吾尔族等。这些民族中有相当一部分从事畜牧业，农耕生产具有较为先进的生产工具，解放前这些农奴制部族或部族联盟首领是经中央政权认可的封建领主。实行封建地主制统治的少数民族主要有壮族、回族、土家族、满族和部分蒙古族等。在历史上，封建地主制是以汉族为主体的中央政权长期推行的社会经济制度，因而各少数民族都曾不同程度地受到其影响，其中蒙古部族联盟和满洲部族联盟还曾先后入主中原，并效法汉制，大力发展农耕生产。

中华人民共和国成立后，各少数民族都被纳入到社会主义现代化建设的事业中，在农业方面进行了一系列改革。但作为农业文化遗产的重要组成部分，民族地区原有的社会组织、制度与风俗习惯等也都会在当代农业生产生活中留下深刻的烙印，同时也在很大程度上得到了政府的重视与保护。民族地区传统农业文化的多样性，使得内涵丰富的中国优秀传统农业文化基因得以更全面地保留下来。

第二章

民族地区传统农业的生态观念

在历史发展的长河中，中国少数民族通过不断探索和认识自然规律、适应和改造生存环境，形成了"万物有灵""物我同类""天人合一""顺应自然""共生共存"等朴素的生态观念，其生态思想的核心是"人与自然和谐共生"，反映了少数民族对人与自然关系的心理认同，是他们物质和精神生活的重要组成部分，始终指导着少数民族的生产生活，内化成了根深蒂固的环境保护意识和生态道德标准。客观上起到了保护农业环境、维护生态平衡的作用，在今天依然具有不可替代的价值。

一、"万物有灵"的世界观

"万物有灵"是远古时期少数民族先民对世间万物的基本看法。在原始时代，人们的认识能力还非常有限，对于支配和影响自己日常生活的各种外界现象，如天气的变化、植物的繁荣和衰败等很难作出合理的解释，无法将自己同周围的自然界分开，因而常常将自身与自然物混为一谈。一方面，误认为自己也能唤起和创造一些看到的自然物；另一方面，只有把人具有的能力附加到自然物身上，使得自然物也有了生命力，这就萌发了"万物有灵"的观念。

少数民族以人的情感、意志为出发点去理解自然物，他们赋予自然物以人的个性、感情以及思维，认为自然物和人一样是有喜怒哀乐等情绪变化的生命物，强调自然物与人之间可以通过人的思维方式加以理解和把握，试图通过人的行为去影响自然物，赋予自然物以及动物、植物与人类的社会关系。

万物的生长都离不开水，人类无法离开水而生存，水带给人类的利益是多方面的，包括饮用、洗浴、灭火、灌溉等。同时，人们一旦不能正确合理地利用水，水就会将灾难带给人类，洪水将如猛兽一般侵袭、吞噬生物，危害人类。少数民族先民大都傍水而居，他们深刻认识到水的强大力量，甚至将其视为创世始祖。

湘西土家族认为水中有神灵存在，具有可以给自己和家人带来幸福安康以及财富的力量。在他们的每一个自然村中,都有共用或独用的若干个水井。在每年正月初一的凌晨,村民就争先恐后地去水井里挑水,称之为"抢银水";将挑回家的水装满水缸,寓意把金银财宝带回家。而挑回的水被视为"吉利水",用来给祖宗敬茶,然后供奉财神、土地神和观音菩萨,而后烧水洗脸。最后剩下的"吉利水"会被洒在屋子里,寓意"吉祥满屋"。"水"在整个过程中都扮演了具有神力的角色。

傣族人在每年农历五六月,将水沟修缮完毕后,会举行"开水"仪式来祭祀水神;之后开渠放水,对水沟修缮情况进行检查,这些活动都是为了祈求沟堤稳固,沟水畅通,满足灌溉的需要。而哈尼族每年举行祭水活动前,都会先疏通清洗村寨中的水井、水槽,认为必须用清洁的水来祭祀,否则就会玷污神灵,这些祭水活动实质上是整修和维护水源的行为。

崇山峻岭是许多少数民族赖以生存的自然环境,其中蕴含着维持他们生产生活不可缺少的各类资源,因而被赋予了神性,主宰者山神也受到了景仰。人们认为山神主宰着所有一切,既管理高山,又管理土地;既管理各类飞禽走兽、牲畜的性命,又掌管着庄稼、树木的生长和衰败,甚至能够掌控人们的生老病死等。山林中的动植物,为人类狩猎和采集提供了丰厚的生存来源,使他们坚定不移地相信这些是山神的恩赐。

青藏高原上的很多高山都被藏族人民视为神山。藏族人民怀着虔诚敬畏之心,会定期对其进行祭祀,以祈祷风调雨顺、诸事顺利。对神山的朝拜成为藏族人民的一项不可或缺的宗教活动。神山在藏族人民的眼中是充满神奇与灵性的,藏族人民认为绕着神山走可以使灵魂得到升华,一圈就可以洗清一生的罪恶,十圈就可以免受地狱的折磨,百圈就可以在今生成佛,即便在绕山的过程中生命终结,也是一种福分。藏族人民对山的膜拜体现了他们对自然界的敬畏,神山被赋予的神性在无形中影响着他们的一切活动。

在少数民族地区,每一座神山都是一个天然的自然保护区。各民族对神山进行封山育林,上面的一草一木都要加以保护,并且规定在特定的时节不能进山，一旦犯忌将因触怒山神而遭灾受难，或为鬼神所害。事实上，这些禁忌的时段正恰恰是植物的生长期，野生动物的交配、产卵和繁殖的季节，栖息在神山上，正处于交配期或孕育期的动物都在保护的范围。直到庄稼成熟后，动植物的生育和繁殖期过去，才会解除砍伐和捕猎的禁令。此举既满足了人们获取生存资源的需要，又使得神山上的动植物能够得到保护。

"万物有灵"虽然受到人们认知水平的限制，但其实质是相信万物皆有其规律的思想。随着现代科技的进步，许多自然现象已经得到科学的解释，大部分产生自然灾害的神秘力量都可以溯其根源。但人们对世间万物的敬畏之心也因此日减。虽然征服自然、改造自然的能力日益增强，但人与自然的和谐与平衡受到极大破坏，自然灾害的数量和种类有增无减。"万物有灵"对于反思现代社会过度利用科技破坏人与自然和谐的状况仍具有重要价值。

二、"物我同类"的生命观

"物我同类"是少数民族先民对生产生活环境中存在的各类事物产生深厚的情感，将其与自身放在同等的高度，进而形成的生命理念和精神认识，他们认为人与自然万物是由共同的祖先创造的，同源同根。

在少数民族中，人、神、兽同源共祖的神话传说比比皆是。苗族认为人祖姜央是"妹榜妹留"（蝴蝶妈妈）的后代，因此，将蝴蝶视为祖先加以崇拜。在苗族古歌《枫木歌·十二个蛋》中说：龙、蛇、虎、牛、象以及天上的雷公神和地上的人是亲兄弟，都是"同一个早上生，同一个母亲下的蛋，孵化出的亲兄弟"。

侗族认为人与龙、虎、蛇、豹等动物是亲兄弟，侗族古歌《人类的起源》描述了这个传说："松恩松桑（侗族始祖）长大了，他们两个配夫妻，夫妻生下十二崽，他们各自都有名。龙是大哥个子大，老二是虎三是蛇，四豹五猴不会错，六是猫来七是狗，八熊九雷十鸡鸭，姜良姜妹（人类）十一二"。侗族禁忌伤害蜘蛛、蛇、青蛙、鸟类等，而这些昆虫和鸟类都是稻田生态系统中的捕食性天敌，这种禁忌行为有利于控制农林生态系统的害虫数量，保护生态环境。此外，还禁忌猎捕正在怀胎、交配、哺乳和幼小的动物。

彝族古籍《勒俄特衣》中记载，所有物种，包括人在内，都是雪族的子孙，物种演变的顺序是蛙→蛇→鹰→熊→猴→人。阿昌族史诗《遮帕麻和遮米麻》提到，遮帕麻、遮米麻夫妇创造了天、地、日、月、万物和人，人与万物同类。这些神话记载中，蕴含着"物我同类"的生存理念与价值判断。

作为人的出生以及村寨建立的重要标识，傣族傣卯人的生肖符号对人与人、村寨与村寨以及人与村寨之间的关系建构具有重要影响。生肖之间虽然有着或相生或相克的关系，但绝无高贵低贱之分，每个生肖都有其价值。这就充分说明在傣卯人观念中，每个人联系着的生肖动物和人本身一样，是被作为同类看待的，在村寨之中都有其平等存在的价值和意义。

少数民族的图腾崇拜中蕴含着深刻的"物我同类"思想。图腾崇拜是某一族群用某一种、几种动植物或其他自然物为族群命名，或将其作为族群的标志或象征，来以此作为本氏族的保护神，运用在生产生活的方方面面之中，同时形成相应的制度、禁忌、礼仪和风俗等。"图腾"意思是"家族、亲族"。图腾崇拜往往与自然崇拜、祖先崇拜相互交织，可以说是二者的结合和升华。图腾所体现的并不是图腾崇拜物本身的自然属性，而是人类集体的一种意识或感情。少数民族的图腾崇拜来源于他们对自身生存的自然环境的认知，他们认为特定的动植物、自然物与族群的起源有着密切联系；而在族群的发展过程中，图腾逐渐成了整个族群神圣不可侵犯的伟大引导标志，代表着一种民族精神，对于种族能否顺利繁衍延续有着至关重要的影响。少数民族不仅不允许自己的族人对图腾有任何不敬之举，也会竭尽全力制止外人去伤害和破坏本族的图腾，从而使得民族聚居区周边的自然环境得到了有效保护。

少数民族传统"物我同类"的生命观能够正确地认识人与自然万物之间的关系，强调在本质上每一类生命的价值都是平等的，不存在任何高低贵贱之分，从而使人类同自然之间能够以良性互动的方式和谐共存、共同发展。

仔细思考少数民族"物我同类"观念的深刻内涵，重新把握人与万物的关系，充分赋予每个生命以内在价值，强调世间万物是平等的，寻求与万物平等相处的最佳路径，或许是当下解决一些自然生态问题的有效方法。

三、"天人合一"的自然观

"天人合一"的思想是中国传统生态智慧的结晶，它强调人与自然浑然一体、协调一致。"天地与我并生，万物与我为一"，其中体现着和谐自然的生态伦理。

"天人合一"是少数民族关于天地肇始、万物生长、民族起源等关系的诸看法之总和。他们认为，人与自然并不是完全对立的矛盾体，而是互相依存的共生体，人与自然之间始终是相互联系、密不可分的。在他们心目中，人类与自然之间具有特殊的心理感应，人类的种种行为可以传达给大自然，自然也会因此给予回应。因而只有以尊重之情对待自然，才能实现和谐的发展，否则就会受到严重的惩罚。

凉山彝族先民认为"人靠天来抚育，人依赖于天，天道人道合于善"。这种人与自然界的特殊对话，就是"天人合一"自然观的真实写照。尽管这是在生产力水平、科学认知水平有限的情况下，无助的人们敬畏自然、寄托生存希望的方式，但对于人与自然关系的认识具有合理的成分，寓意十分深刻。

纳西族先民在长期的生产生活实践中，形成了对大自然"欠债"和"还债"的观念。他们概括出一个代表整个自然界的超自然神灵"署"，并形成了大规模的"署谷"仪式。假如村里有人或家庭遭遇某种不幸或困难，经神职人员东巴占卜后认为是违规砍了树或污染了水源等，是欠了大自然"署"的债，便要请东巴在砍了树或污染的泉水边举行仪式，用贡品向大自然告罪，向其偿还所欠的债。

傈僳族人认为：天神意志是自然万物存在的根据。这种思想奠定了"天人合一""人神感应"的天人关系格局。他们认为人是神的子孙,神人之间有派生关系,人生于天,并同于天。人无法超越天道的控制,人是自然界的产物,是自然界的一部分并依赖于自然界。如果不顺应自然界,就会受到惩罚。由于坚信人类的一切事物,包括本民族赖以生存的森林、耕地、山川、河流等,都是天神和大自然赐予人类的,所以,傈僳族人对天神总是抱着虔诚的感激之情。他们热爱自然,善待自然,与自然和睦相处。

道教是中国的本土宗教,道教创建、发展、衍化的历史,与少数民族,尤其是西南少数民族有着密切的关系,而道教教义对于少数民族的生态观念始终有着深刻的影响。道家思想的核心是本性自然的"道",道家的生态思想以"道法自然"为基础,认为"道"乃天地之始、万物之母,建立了"道"化生天地万物的宇宙论。"天人合一"是其中的思想内核,它充分肯定了人对环境的依赖关系,主张人与环境形成一种生态整体,而且主张万物各有其性,应该顺应物性,因材而用,率性而行。道教提出了一些保护生态环境的具体要求和方法,从修道成仙和天地赏罚的角度提出了欲"学道得仙",必须"慈爱于物",如果不能与天地万物和谐相处,过分地破坏环境,就会惹怒天地父母而受到惩罚。在道家思想的影响之下,民族地区以"整体性"的观点看待人与自然界,在生产生活实践中发挥主观能动性,形成了更为规范的生态保护措施。

"天人合一"表达了一种人与自然和谐相处的传统自然观,看到了人与动物、植物和自然生态环境之间有着直接统一的联系,因而要人们与自然和谐相处,其中蕴含着丰富的关爱自然、保护环境的生态关切,正是这种对天的敬畏、对动植物充满好奇、崇敬从而加以保护的心理,在客观上起到了保护自然环境的积极作用。"天人合一"观认为宇宙是一种大化流行的生命境界,是把人与自然万物看成一个整体的生命系统,进而产生了重视生命、兼爱万物的宇宙情怀。

各民族在交往交流交融的过程中,其"天人合一"的自然观彼此影响,形成了各民族传统自然观中最为稳定的文化因素，塑造了中华民族的共有精神家园。

四、"顺应自然"的生态观

"顺应自然"是少数民族在同自然的互动中，通过观察总结形成的生态理念。少数民族在生产生活、繁衍生息的过程中，观察自然界中的各种事物，包括星辰变化、树木生长、动物繁衍等现象，逐渐认识到万物生长和迁徙是依据自然的变化规律而进行，人类必须遵守自然万物生长作息的规则，并调节自己的行为活动以顺应其发展。

"顺应自然"蕴含着少数民族对自然规律的基本认识和初步把握，少数民族生来就与自然有着紧密的联系，他们深知了解自然是顺应其发展的重要基础，于是不断探索自然变化的奥妙，渐渐掌握了自然现象的基本规律；顺应自然体现了少数民族主动与自然和谐相处的良好愿望，少数民族人民认识到大自然是人类生存的根本依靠，只有顺应自然，才能使种族延续，因而他们对给自己提供生存所需的动植物、水及土地等怀有感恩之心；顺应自然是少数民族群体意识的必然要求，少数民族意识到了保护自然是与族群每个人密切相关的大事，这一责任应由族群全体成员共同承担，于是逐渐形成了以群体意识为核心的生态保护理念。

哈尼族居住的地区大都是山林丛生、溪泉不断的高山峡谷，自然风光的绚丽，足以让他们对自己赖以生存之地产生无比的热爱之情。对大自然的这种热爱，成为哈尼族人开发、利用自然资源和自然环境的基础。在哈尼族人看来，自然是人们赖以生存的物质基础，是天神意志的外化物，只有尊重自然、爱护自然，才能有效利用自然，改造自然，创造适合本民族生存与生活的广阔空间。他们利用特殊的地理气候条件，同垦共创出了规模宏大、气势磅礴的梯田农耕文明奇观，其生存方式折射出哈尼族人民注重环境保护、与自然和谐相处的环境伦理。

佤族人通过对自然的信仰形成了形式相对固定的仪式活动与禁忌规范，实践着对生态环境的保护行为，这些起到了维护村寨生态系统平衡的作用。在佤族的民间信仰中，存在着对山、水、树木、土地等自然物的价值认同与精神依赖。在佤族看来，人和自然物质之间的关系是一种友好关系，两者之间的互动始终受神秘的自然法则的影响。因此人类对于自然间的物质不能无限制使用，而必须和自然物质保持一种平衡、合作的关系。这一"顺应自然"朴素生态观的文化结果，就形成了神林保护、水神祭祀与水源保护的传统。

佛教自东汉传入中国，在少数民族中具有众多信徒。藏传佛教对于西藏地区少数民族的生产生活产生了重要影响。藏传佛教的自然观认为，宇宙中的一切生命都相互联系相互制约，依靠大自然而生存。自然界中任何局部的因素受损都会危及自然界整体的利益。人类作为大自然的一分子，应顺从自然并融于自然。因此，他们崇敬自然、爱护自然界的一草一木，珍视自然，与自然同呼吸共命运，追求建立与自然和谐共存的境界。并且由于高原自然环境的脆弱、自然资源的珍贵，藏传佛教文化圈中的民族都以保护自然环境、爱惜自然资源为出发点，他们的观念与行为，他们的精神文化与物质文化都是以保护自然环境为前提，并以此为主导而展开延伸。

"顺应自然"的生态观念无论从心理层面，还是从行动层面，无不体现着少数民族人民最基本的道德要求。它是生态伦理发展的源泉，体现着维护人类活动与生态系统之间平衡关系的智慧，并将根植于内心深处的道德伦理观念融入生态领域，渴望能与自己赖以生存的自然融为一体。

"顺应自然"并不仅仅是少数民族"畏惧"自然惩罚的被动结果。他们主动学习、了解、思考大自然的种种知识，明白了大自然力量的伟大，知晓了自然规律不可违背，产生了"尊重自然"的意识，进而形成了这一生态观念。他们以虔诚而热爱的心理去对待与自身生存息息相关的自然环境，在人与自然相和谐的氛围中生活。这也提示我们，应当发挥主观能动性，不断发挥人类的知识和能力去探索"顺应自然"的最佳方法，实现经济社会发展与生态环境保护之间的平衡。

五、"共生共存"的环境观

"共生共存"是少数民族在自然万物的长期恩惠与帮助下，在不断发展进步的过程中逐渐形成的环境观，它强调人类与非人类、人类各族群，都是宇宙大家庭中的成员，在历史的长河中，世间万物形成互助的合力，共同创造历史。

人类与万物共生共存、发展演变是一个漫长的过程：万物共同创世，世界的创造为万物提供了家园，家园的建设绝非某一物能单独完成，多样的成员源于创世之初的共同创造；万物同源共生，"天公""地母"是万物的父母，创造万物的过程如一条完整的创造链条环环相扣；万物共享资源，各族群以自身的生存智慧获取生存资源、均分资源、共享资源，生存方式多样却又和谐共生；万物栖息，万物皆有所庇护，万物皆有所栖息的乐园，栖息的权利不但超越了人类族群的界限，还超越了物种的界限；万物繁衍，随着开辟历程的演进，万物从空无到充盈，生命从稀少到繁盛；万物衰亡，生命有兴盛和繁衍，也必有消逝，万物必死、万物衰亡是天王的旨意。

少数民族的"动物崇拜"中蕴含着人与动物共生共存的思想。以牧业或狩猎为生计的少数民族，其生产生活极度依赖当地的动物，动物是他们重要的生活资源。他们对这些动物心存依赖和恐惧双重感情，这种复杂的感情交织升华，产生了动物崇拜。在藏区生存着数量众多的牦牛，它们极其凶猛，给当地人的生命安全带来了一定的威胁，但同时它们对于当地的生产运输又是不可或缺的。因而藏区人民十分希望能够将其驯化，但又心存畏惧，在与牦牛共同生活的过程中，逐渐赋予了它们神一般的色彩，并且进行膜拜。藏民常常在山麓中四处摆放额骨相连的牦牛角，目的就是想通过牦牛的力量，实现祛邪避凶。

少数民族在整个狩猎过程中，都有一些成文的或不成文的"禁忌"要求，展现出其有效控制欲望，适度使用山区资源，保护动物多样性发展的"共生共存"的环境观。例如，彝族规定捕猎过程中不能猎杀老虎、豹子和猴子，因为这些动物曾经有恩于先民。生活在北方的满族和蒙古族规定，一年四季都禁止捕杀怀崽的母兽和幼兽，捕猎活动大多在秋季和冬季进行，春天不能猎杀鸟类，夏天不能下网捕鱼。

随着生产力的提高，少数民族对他们生活息息相关的动物之间的感情也日益深厚，因此将生活中的美好愿景寄托在特定的动物身上，形成一种理想化的动物崇拜。在傣族聚居区，"神鸟"孔雀的图案象征吉祥如意，"圣象"大象的图案寓意五谷丰登。傣族人常常将大象、孔雀的形象雕画在佛寺、庭院、水井、墙壁上，或编织在衣物上，以表达他们的崇敬之情。这样一种动物崇拜也对生态环境产生了积极的影响，孔雀、大象在傣族人历代传承的保护观念下，在西双版纳得以很好地繁衍生息。

动物是生态系统的重要组成部分，动物保护措施对于维持生态多样性和稳定性具有重要意义。动物崇拜中蕴含着人们对动物的深厚感情，表现出对动物生命的关爱和敬重，使动物能够免受伤害，有助于当地生态环境的保护。

伊斯兰教从西亚、中东地区传入中国，对西北民族地区的生产生活影响重大。伊斯兰教在强调爱护自然、与自然界和谐相处的前提下，主张把握自然的本质和规律，通过对自然界进行合理的开发利用，为人类造福。提倡大自然的统一整体观念，追求万物共存的理想境界——乐园。要求人类对自然物心存博爱情感，主张爱护动植物，善待生命，克制自身的欲望。例如伊斯兰教规定只允许食用分蹄反刍类和直啄食用粮食的禽类，于是在伊斯兰教盛行的区域，许多动物因此幸免于难。在这一思想的影响下，少数民族生产生活中"取需有度"，使自然万物可以得到休养生息，推动了地区可持续发展。

"共生共存"的环境观表明,在自然这样一个由多样化的生命共同创造的家园中,万物都有自身的生命、情感、意志以及内在价值,没有自然万物的共同发展,人类社会也不可能具备成长进步的条件。其他物种若遭到严重破坏,人类也难以独善其身。我们对于自然万物的爱护,本质上其实就等同于爱护人类本身。

第三章

民族地区传统农业的生态保护

在"万物有灵""顺应自然""共生共存"等生态观念影响下，少数民族对赖以生存的森林、草原、水源、耕地和野生动植物等自然资源，通过禁忌规定、乡规民约、立法措施等成文和非成文的保护措施，最大程度地保护了民族地区自然资源和生物多样性的丰富和完整。

一、禁忌习俗

"禁忌"是一种通过自我约束防范灾祸的信仰行为，是群体共同遵循，不是法律却胜似法律的民间规约。禁忌以"趋吉避凶"的效应，调节着人与自然的关系，使人们在敬畏自然的同时，保持与自然的协调一致，对自然资源和生态环境的保护起着积极的影响。

（一）禁忌砍伐树木

西南地区的彝、傣、纳西、苗、布朗、德昂、哈尼、拉祜、佤、怒等民族地区普遍崇拜神林，在他们的村寨后面或附近都有一片"神秘"的树林，认为神林神树保佑村寨和村民的安全，破坏践踏神林就会遭到惩罚。佤族以"木依吉"为崇拜对象，认为神林是"木依吉"生存的地方，不能动神林中的一草一木，否则会受到神灵的惩罚。在哈尼族每个村寨上方都有一片"寨神树"，寨神树是哈尼人崇敬的庇护者，"一家要有主，一寨要有王，寨王就是寨神树，保佑全寨得安康"。纳西族禁忌任意砍伐和践踏神山上的大栗树，认为会冒犯神灵招致灾祸，甚至将山林的荣枯与村寨的兴衰联系起来，认为神林草木兴旺，村寨就会兴旺发达。侗族认为古树是有灵魂的森林权威长者，敬畏和崇拜古树，并在这些古树和大树上打草标禁止破坏，由此也保护了水杉、红豆杉等珍稀树种。苗族视枫树为图腾，将枫树视为村寨的保护神，严禁砍伐。黔东南苗族崇拜"岩山鬼婆"，认为"岩山鬼婆"是以悬崖古树为家的岩山山神，禁忌人们进山打鸟射伤树皮或射落树叶，而招来祸害。因此，悬崖上的树林无人敢进，更不敢随意砍伐树木，无形中起到了保护苗寨生态环境的作用。

维吾尔族视大树为"神圣",禁忌砍伐老树,禁忌在树下倒污水,禁忌在树枝树干上晾晒衣物,认为是"罪孽"。哈萨克族人敬畏古树,认为树下有鬼神,不敢砍伐树木枝条。

(二)禁忌破坏山川草场

西南地区的苗、彝、傣、布朗、纳西、傈僳、独龙、拉祜等山地民族都有自己信仰的"神山"。作为部落保护神、祖先或其他神祇的象征,每年都要举行祭山仪式。羌族祭山分大、小祭,寨中男女老少都要参加大祭,禁忌人数不齐。壮族祭祀龙山,禁忌上山挖药、砍伐、狩猎等。彝族禁忌在神山下大声喧哗,更严禁开采山石。西盟勐梭镇龙潭"勒尔",是佤族人原初妈妈"妈侬"的诞生地,其中心地带的"龙摩爷"是所有神灵的栖息之地,也是佤族人心中的圣地,不能动神山上的一石一木一土。有些民族地区甚至认为"山神"掌管着人们的生老病死,因此,他们一般不打神山上的动物,也不砍神山上的树木。如果砍了不该砍的树,打了不该打的鸟,就不得好报。在民族地区,几乎每一座神山都是一个原始的自然保护区。

藏族把山奉为"神山",把水奉为"圣水",认为它们都是神的赐予,奉为保护神。在藏族史诗《格萨尔》中,"岭国"是英雄格萨尔的故乡,四周环绕着嘉仁湖、鄂仁湖、卓仁湖三大神湖和阿尼玛沁雪山、玛沁雪山等十三座神山,传说格萨尔的灵魂安放在雄伟的阿尼玛沁雪山。在藏民的生活中,"神山"是进行佛事活动的场所,是修持行道的理想境地,因此,禁忌在神山大声喧哗,严禁在神山挖掘药材、砍伐花草树木;严禁在草原出苗或出芽时动土;严禁在地里焚烧骨头、破布等有恶臭之物,忌怕"山神"怪罪而降祸。受原始萨满教"万物有灵"思想影响,蒙古族崇拜自然界的日、月、星辰、山水、树木等。草原是畜牧业的重要生产基地,蒙古族禁忌在草场上随意挖坑、拔草,破坏草场。19世纪末俄国学者波兹德涅耶夫在游记《蒙古及蒙古人》中记载：在克鲁伦河左侧的巴彦乌拉山盛产水晶石，因为贩运到汉地可以交换茶叶、烟草和布，当地蒙古人开始大肆采掘石头而毁坏山地。为阻止这种破坏行为，当地喇嘛警告人们：巴彦乌拉的保护者是一条凶狠异常的龙，挖掘和毁坏山被，将会造成疫病传染整个营地。由于惧怕遭到神谴，人们停止了一切采石行为，甚至连露出地面的石头也不去捡了。

（三）禁忌污染水源

水崇拜是民族地区的自然崇拜之一，民族地区先民大都傍水而居，对水的依赖与恐惧使之产生很多禁忌习俗。侗族禁忌秽物污染水源，触犯"水神"。他们多饮用大树旁的井水或泉水。为保护饮用水的清洁，在井或泉旁建立井亭或泉亭，禁忌污染。禁忌在井上方建造住房，放养牲畜、家禽等。林业生产中，放木排下河滩，忌讳在木排上小便，或把脚悬于水中。傣族多临河而居，却不饮河水，而从旁有大青树的水井或从大树旁流下的山泉中挑水饮用。傣族十分重视水井的清洁，井上盖有井亭，以防灰尘、树叶杂草落入井中。井旁备有公共取水器具，以保证井水的卫生。土族重视对泉水的保护，在距泉水百余米的地方，禁止人们洗东西或随地便溺，以防污染水源。普米族、壮族、彝族视水源头或大的天然水池为"龙潭"，禁止在龙潭附近砍树垦地。以槽引水的山居民族，作为水源地的山，对他们来说便是神山或龙山，山上一草一木当然更不能砍伐。为保护水源，佤族甚至对水源附近的茅草也禁止砍割；基诺族禁止砍山箐两侧的树，以防箐中无水；傣族禁止砍伐水井旁边的大青树，认为会造成水源枯竭。民族地区通过世代的观察，已知植物对涵养水源具有重要的作用。因此，他们对水源附近的树木和植物更加注意保护，禁止破坏。

水在维吾尔族、哈萨克族人心目中无比圣洁、珍贵，视为"圣水"。禁忌使用不净器具盛水，禁忌洗碗、洗手脸，更不允许把手甩干。他们认为水是有生命的，流动着的活水才可以饮用；滞水是死水，不得饮用。而井水、泉水都是活水可以饮用。藏民视水为"神水",绝不允许将污秽物倒入湖泊或河流中。在藏族卦辞中,经常把人畜得病的根源,归咎于人们污染水源、砍伐树木、捕猎动物等冒犯自然的行为。在青苗出土至收割结束前,严禁在河里洗澡洗衣服,以防因污染河水而触怒神灵。在每年的夏秋之交,藏族信众都要转山转湖、煨桑祭神,这种古老的习俗延续至今。

(四)禁忌猎杀野生动物

在许多民族地区神话中,传说自己的祖先来源于某种动物,而这些与之有亲缘关系的动物,就成了本民族崇拜的图腾。图腾物的强大兴旺,象征着本民族的强大兴旺,反之则预示着本民族的衰亡,因此形成了图腾禁忌,禁忌捕食和伤害野生动物。

怒族蜂氏族说其祖先是由蜜蜂变成的,蛇氏族称其始祖父是蛇;土家族、白族称其是白虎后裔;彝族、纳西族、傈僳族等则称自己是黑虎的后代;普米族把虎当作祖先来崇拜;藏族将猕猴作为祖先崇拜。

受藏传佛教"不杀生"信仰的影响,藏区寺院规定:神山与神水处放生的牛羊、出没的野兽、爬行的虫蛇、飞鸟飞虫,均属神圣不可侵犯。僧人严格执行"不杀生"戒律,不宰杀牛羊,不伤害一切生灵。每年藏历六月到七月,僧人不能出寺院,以免踩死地上各种爬虫。寺院每年举行放生仪式,以此来感化藏民去善待一切生物。在藏区随处可见一些角上或身上拴着红绿布条的被放生的牛、羊,藏民不仅不会去伤害它们,而且还倍加爱护,神牛羊只能任其自然死亡。在藏区严守此类禁忌成为人们一种自觉的习惯行为。青藏高原作为野生动物的王国,保存了许多珍稀野生动物,是和藏民族的宗教信仰和禁忌习俗密切相关的。

民族地区对自然的禁忌,不仅反映了对自然最大程度的敬畏和顺从,还表现为敬畏自然、善待生命的意识和观念。在人类社会原始蒙昧阶段,完全依赖自然条件的情况下,随意索取自然资源,肆意破坏自然环境的行为显然不是明智之举。因此这种"不触动自然"的文化现象成为民族地区的普遍共识，并内化为一种自觉的行为习惯，使得民族地区的自然生态环境保持原始生长状态。

二、乡规民约

乡规民约是以地缘关系为基础，由乡民集体制订或约定俗成，用来调整和解决自然资源和生态环境矛盾纠纷，维持民族地区乡村社会秩序的一种民间社会制度。乡规民约是在民族地区禁忌文化基础上形成的保护生态习惯法。

（一）草原保护族规民约

早期的草原游牧部落族规基本上都是以保护草原为核心的，大多数的部落对引起草山失火和越界放牧的处罚都很严厉，其实质是为了保护草原特有的生态环境。

对草山失火的处罚族规。青海果洛莫坝藏族部落规定：本区域内的草山归部落所有，引起草山失火者，罚其全部财产的二分之一。阿曲乎部落规定：造成草山失火者，要罚以"尼求"（失火约束），一般要罚一头牛。海北刚察部落规定：在草原上生火取暖，罚羯羊一只；引起草原失火者，罚牛一头。在当雄宗部落中，失火烧着草场属于大案件，罚款很重，按一马步罚款一块五银元。黑河宗七大部落之一的罗马部落规定：草原失火，按失火面积的大小决定罚款，马在失火处的四周走，罚款一马步银两，纵火者要挨皮鞭，如果找不到纵火的人，便由失火的部落集体赔偿。

对草场使用边界的族规。部落之间有明确划定的草场范围，通常不能相互越界放牧。青海玉树囊谦千户藏族部落规定：草山牧场由千百户长支配，搬迁四季草场，更换放牧场所，由部落首领择定良辰吉日统一搬迁。如返搬、早搬或随意落账，则要处罚，处罚方式为罚打、罚款或没收财产；各部落之间草场地界明确，不得逾界放牧，有他处千户错界驻牧，罚犏牛头，百户等罚犏牛头，平民户各罚牛头。囊谦家族姓"治"，意为"母牦牛"。青海海南州千卜录藏族部落规定：草场归部落头人所有，部落属民只能在"公用草场"上放牧，不得擅自越界。牲畜越界吃草罚款，轻者罚牛或羊，谓之"杂求"（用草约束处罚）。青海共和黄科藏族部落规定：草原归部落所有，气候温暖、水草丰美的优质草场归部落头人、寺院使用，部落属民在较为边远的"公用草场"上放牧，部落属民必须按规定时间、地点搬帐房，拖延、早搬、不搬、不按地点落帐都要罚款。青海兴海县阿曲乎藏族部落法规定：草原的使用安排权归千户执掌，违背其规矩者受罚；牧户按小亲族每户编为一个"円敦尔"（账户圈），每个"円敦尔"设一个"求德合"（执法者）。各"求德合"，分属"求宦"（执法官）统领。轮牧制度具体由各"求德合"依照部落俗规和千户的意志安排，包括迁圈的时间、落帐地点、使用草原的范围等，违背者，一般罚牛头。青海果洛藏族部落规定：部落之草场水流为公有，四季草水居地由长官召集各佐及什长商议，季迁之先汇合帐营，起迁与终结时间统一决定；夏季各分部马匹合群，以户轮流放牧。禁用冬季草场，入用则罚之；迁入冬季居地后，草场分先后主次，牧马之沟或牧母羊之沟被占用亦罚之；分布之间草水纠纷由长官调解，皆须服从；越界违禁之处罚，重则罚牛羊，轻则割剪马牛之尾。

蒙古族规定"牧场的使用，谁先来占用就归谁，后来者另觅牧场"，这一规定不仅确立了草场使用权的优先占用的秩序，同时也防止了在同一固定的草场过密放牧可能导致的牧场退化，有利于牧场的休养生息。牧民在搭建蒙古包时，从不将包内的草皮铲掉。这样在搬迁到另一个游牧点时，原蒙古包内的草又会生长得很好。草原游牧民族各部落划定了自己的放牧界限，要求在自己牧区合理放牧，保护草地持续生长，同时也禁止到别的部落草地上胡乱放牧，这样形成了维护各部落草山的法规。几乎每个草原部落都有属于自己草场的法规。

历史上，蒙、藏、哈萨克等草原游牧民族对过失造成草山失火和越界放牧等行为，都会受到部落首领、部落长者的究查以及部落全体成员的嘲笑和鄙夷。民族地区有"喝了此地水，就守此地规"的习俗，草原习惯法在保护草场、解决天然草场利用不平衡、不合理放牧等方面发挥了较为重要的作用，一定程度上促进了草场的合理利用。

（二）森林保护乡规民约

在民族地区制定的乡规民约中，有很大一部分是关于森林保护的公约。这是因为大部分森林是共有财产，必须由大家共同参与监督管理。为防止乱砍滥伐森林，防止森林火灾，森林保护公约中大多有保护森林的行为规范。

禁伐山林的乡规民约。甘肃甘南甘加藏族部落规定：草原上不准砍伐森林，也不准去捡柴火。若发现，没收其工具并罚款。四川甘孜理塘木拉藏族部落规定：禁止挖药材，不准砍柴，也不准到其他部落内砍柴。凡违背者，罚藏洋一元，没收砍柴工具。四川甘孜德格部落和青海南部藏族部落规定：侵犯神山、神树者，要施以鞭刑并驱逐出部落。

清乾隆三十八年（公元1773年），贵州黔东南锦屏文斗后龙坡侗族《文斗六禁碑》规定："不俱远近杉木，吾等所靠，不许大人小孩砍削，如违罚银十两"。同治八年（公元1869年），贵州黎平潘老乡长春村侗族禁碑规定："凡我后龙山与笔架山上一草一木，不得妄砍，违者，与血同红，与酒同尽"。侗款规定："树、木、竹廿年才成林，打草标封山蓄禁，大树发小树，老竹生嫩笋，若是有人月头不封手，进山动刀动斧，砍掉一根罚十根"。侗族民歌说"山有山规，寨有寨规；不管谁人，不听规约，大户让他产光，小户让他产落"。侗族人认为毁坏山林、污染水源都是一种失德的行为，不仅要受到全寨人的谴责，还要施以严厉的惩罚，重者驱逐出村寨。"侗款"是侗族传统社会最重要的社会制度，将约定条款刻录在石碑或村寨鼓楼等显眼位置，警示和唤起当地村民保护生态环境的意识。

贵州苗族山寨制定的"榔规"规定："村寨公有山林、田土不准村内外私人侵占，违者令其退出。风景树被砍，令其补栽，以上处罚不服，另罚一只鹅或鸭"。贵州榕江苗族规定：偷砍1株杉树，罚大洋13元。台江苗族也规定：砍去1株小杉树尖，罚银3两3；偷砍木柴一挑，罚银3两3。还有的苗寨会立碑刻约保护森林，黔东南雷山县格头村苗族碑刻规定："秃杉相传我们的祖先迁来时，用千年秃杉弯枝为梁，搭屋居住，秃杉保佑我们祖祖辈辈平安吉祥，是我们格头人的神树，保护秃杉遗有古训，任何人不得以任何借口砍伐，破坏我们村范围内的秃杉"。剑河县白道村大平山苗族碑刻规定："楠木是苗家神树，凡偷砍一棵，罚他3个120（即：120斤酒，120斤肉，120斤米）"。雷山县西江千户苗寨碑刻规定："原始有之，屹立寨头，风雪不动，雷雨不摧；茁壮成长，葱茏翠碧，哺育后代，荫护子孙；地杰物灵，人才辈出，日月共存，光耀永照"。警告和劝诫人们保护自然生态，不要贪婪和随意破坏森林资源，以免遭到自然的惩罚。

山林禁火的乡规民约。清康熙十一年（公元1672年），贵州从江高增侗族《高增款碑》规定："议割蒿草、火烧山，罚钱一千二百文；议或失火烧屋，烧自身之物，惟推火神与洗汗（村寨），须用猪二个，老临寨四十五家，拾余家，猪二个外，又罚铜钱三百三十文"。禁止火烧山，对违规者处以严厉的经济惩罚。云南普洱景东彝族《者后封山育林碑》规定："共议禁火、勒石、封山期年畜树滋水、禁火封山、不数载而林木森然，荟蔚可观"。苗族"榔规"规定："烧山遇到风，玩狗雷声响。烧完山岭上的树干，死完谷里的树根，地方不依，寨子不满，……罗栋寨来议榔"。规定凡是损坏山林生态者由议榔、理词来处罚，显示了规约在生态保护中的价值。

对山林地界的乡规民约。山林是民族地区的财富，茂密的山林对村寨防风储水起到很大的作用。清康熙十一年（公元1672年），贵州从江高增侗族《高增款碑》规定："议山场杉树各有乡界，争论，油锅为止"。贵州黎平坝寨高场侗族规定："山间的界石，不能随意搬动。林中的界曹，挖好了不能乱刨。山坡树林，按界管理，不许过界挖土砍树。""向来山林各有各的，山冲大,梁为界。瓜茄小菜也有下种之人,莫贪心不足,过界砍树,乱拿东西,当众追到,铜锣全村,听众人发落"。侗族《约法款》规定:"不许过界挖土,越界砍树"。规定山林、树木、田塘、土地以界碑或者青石作为界线,不允许个人强行占为己有。山林地界的划分,不仅避免了林权纠纷,而且保护了山林资源免遭破坏。

补种树种的乡规民约。壮族寨规约定:严禁寨民随意砍伐村寨集体公有山林"巴哈",只有两至三年才能砍伐一次,不允许砍伐名贵树种和药材。每次砍伐后,村民应在半个月内在"巴哈"或"巴哈"附近补种树种。这种传统的生态补偿机制,保证了"巴哈"山林的持续生长。

"乡有规,寨有理",民族地区调解村寨民事争议和纠纷,主要依赖"族规寨约"。瑶族的"石牌律"、傣族的"祖训与勐规"、布依族的"榔团盟约"、苗族的"议榔"、拉祜族的"卡些制度"、景颇族的"通德拉"、哈尼族的"惹罗古规"、佤族的"阿佤俚"、彝族的"木普瓦洛"等习惯法中都存在大量的资源保护乡规民约。民族地区通过"乡规民约",强化了对自然的敬畏和环境保护的集体意识,对维护民族区域的生态安全和社会秩序起到了积极作用。

(三)水源保护乡规民约

水是生命之源,是人和动植物生存的基本条件。民族地区对水特别珍爱,特别是从事农牧渔业生产,对保护水源和规范用水秩序都有明确的乡规民约。

严禁污染水源。广西很多民族地区的村规民约里都有涉及封山育林、水井及泉水保护公约的内容。仫佬族的乡村禁约中就有水源涵养的规定:各村山场多是田水发源地点,不论何人,不准入山乱行砍伐,偷取林木。如有违犯,罚金三十元以下。瑶族"石牌律"规定:为净化水源,禁止在公共水域中抓鱼捉青蛙;为防止水土流失,禁止滥伐公共山地林木,禁止在春天上山挖竹笋等。20世纪50年代,大瑶山瑶族订立的《大瑶山团结公约》规定:

"经各乡各村划定界之水源、水坝、祖坟、牛场,不准垦植,防旱防水之林木,不准砍伐"。20世纪90年代,摩梭族居多,外圈彝族人居多,还有纳西族、普米族、汉族、藏族等民族地区,为保护云南泸沽湖生态环境,当地民族地区同胞制定村规,"严禁向湖中直接排放污水,严禁炸鱼、打野鸭,捕杀野生动物……,严禁乱砍滥伐"。

严禁抢水。人口环境伦理中尤其涉及对自然的保护伦理方面,多表现为民族习惯法中禁止性的条款。侗族《约法款》规定:塘水和田水"水共一条沟,田共一眼井。……下边只能让上边有水下边干,不能让下边有水上边干。若哪家孩子偷水截流、破塘埂、毁沟堤,私自开沟过山坳,私下引水过山梁,害得上边吵、下边闹。……要让他的父亲出来修平田埂,要让他的母亲出来赔礼道歉。……如有私自引水翻坡牵水翻坳,……要他父赔工,要他母出钱"。明确对争抢田水行为的惩罚赔偿规定,起到警示和教育的作用。《约法款》在侗族社会中具有权威性,是区域自治的法典,从山林纠纷到水源争执都起到了维护社会秩序的作用。

规范用水秩序。土家族村寨的水井、泉水,要举行一年一度的敬祭仪式,还要议定用水规约;"村民要服从安排,按人口交纳所需之费用,自觉遵守规约"。丽江纳西族规定:每天上午10点之前,不能在古城的河里洗衣洗菜,更不能倒污物,这是约定俗成的习惯法,人人都自觉遵守。他们还创造了"三塘水"的用水制度,头塘水供饮用,溢出的二塘水供洗菜用,流至第三塘方可洗衣物。

清道光八年(公元1828年),广西河池罗城大梧村仡佬族《孙主堂断祠记》规定:"各坝水沟,春夏秋冬四季,俱要取水灌养禾苗生理,如有不法贪心,私行撬挖㖿鱼,截沟装筌,查知:甲长理处责罚,如抗不遵,甲长送官究治"。对于土地、流水等相邻权,民族地区根据当地的实际情况形成了许多民间习惯。清宣统元年(公元1909年),广西恭城莲花势江村瑶族《判决坝案碑记》规定:"嗣后每年春分以后,霜降以前,正田禾急需蓄水之时,每月只准逢三开坝。一月□□*放木排。头圳二圳两坝，限由七点钟起至一点钟止，龙岩坝准放至二点钟止，每次□□□钱共三千文。春分以前，霜降以后，无须灌溉，随到随开，不得勒收坝工钱文。所有□□□□旁边坝口放行，不得由坝中坝面任意开放……。倘敢不遵，一经告发查实，定即拘案严惩，决不姑恕"。由于少数汉族木商侵占当地瑶族修筑的沟坝，运放木排影响了农田灌溉而产生了纠纷，经地方官员参与判决，规定每年春分至霜降期间，坝水只能用于灌溉，运放木排只能在限定的时间内进行，不得影响灌溉。其余农闲时间，可以开放运放木排。通过刻碑明令规范了用水秩序，保障了各民族权益。

（四）渔猎保护乡规民约

渔猎是民族地区最传统的谋生方式，是一种完全依赖自然资源维持生计的生产方式。民族地区在维持渔猎生产和保护环境方面存在较多的乡规民约。

严禁狩猎和戒杀生。在回族人的观念中，动物与人一样，都是真主创造的生命体，只是不会说话的"哑巴牲畜"。穆斯林的行为准则《圣训》中说："对待动物的善行与对待人的善行同样可贵，对一只动物之暴行与对人之暴行有同样的罪恶"。这种把善待动物同善待人类等同化的理念对动物的保护意义显而易见。在回族地区，打猎行为和猎人受到人们的藐视，所以在回族中猎人很少见。

在藏族的一些部落法规中，明确规定了禁止猎杀的野生动物，如旱獭、水獭、鹿、雪猪、獐子、狐狸、野兔等，如果违反规定会受到不同程度的处罚。四川甘孜德格藏族部落规定：不准在神山上打猎、采药、开垦。理塘毛垭藏族部落规定：不准打猎，不准伤害有生命的生物，若打死一只公鹿罚藏洋100元；母鹿50元；雪猪或岩羊一只罚10元；獐子、狐狸罚30元；水獭

---

* 此处应为原文缺失。余同。

罚 20 元。青海刚察藏族部落规定：一年四季不准狩猎。捕杀一匹野马，罚洋 10 元；打死一只野兔或一只哈拉（旱獭），罚白洋 5 元。青海海南藏族部落法规规定：外来者打死当地户的一只狗，罚白洋 100 元；当地人打死别人的一只狗，赔一头健牦牛。打伤狗者，给狗的主人送哈达和酒，表示道歉；但是被狗咬伤的人，狗主人亦出钱治疗，念经求平安。

禁捕有孕的雌兽和幼兽。狩猎是生活在北疆的阿尔泰乌梁海蒙古人的主要生产方式，他们遵循着自古流传下来的狩猎习俗：春天一般不多狩猎，因为许多动物都是在春天下崽。对于那些产崽的动物，不仅不能打，还要加以保护。他们还根据各种动物的习性，决定什么季节狩猎何种动物。春天主要靠捕鱼为生，其他季节则根据动物的成长情况决定打什么野兽。西双版纳傣族村寨规定：禁止射猎飞入村寨的鸟类，"用枪去打停在别人谷堆上的鸟，罚银四两八钱四分""用枪去打停落在已割的稻谷上的鸟，罚银三两六钱三分""用枪去打停落在别人屋顶上的鸟，罚银三两六钱三分"。

鄂伦春族坚持"适度捕猎"的狩猎经济理念，他们期望通过采取有节制的捕猎行为，维持林中动物的再生能力，避免出现因过度捕猎导致动物资源遭受人为破坏。史书记载："俄伦春，俗重鲜食，射生为业，然得一兽，即还家，使妇取之，不贪多，亦不以负载自苦"。从动物繁衍生息的角度出发，绝不肆意捕猎母畜、幼崽等弱小动物，以使那些正在长大的小动物得到有效保护。对正在交配中的野兽，或者已经怀孕的动物，包括正在孵卵的野禽等，他们同样不许族人随意射猎。

在侗族猎户的观念中，山林中的神灵赠予自己食物来源，人人都有权利获取大自然的馈赠，无论是路人还是猎狗都要给予一份，这样才是一种平等共享。而且大自然中的资源和食物是有限的，既然能够得到山林神灵的保佑，得到生存的食物，就不能贪得无厌，不能肆意、穷尽其极地去破坏生态物种的平衡。遇见幼小的动物要将其放回山林当中，才不会招致神灵的报复，以便将来或自己的后代能够获取足够的食物。在鱼虾的繁殖季节，侗族会在溪边、河边和塘边的醒目处打上草标,表示禁止捕鱼捞虾,以保证鱼虾的繁殖和生长。

规定围猎期和禁猎区。蒙古族、哈萨克族和柯尔克孜族都禁止春夏期间狩猎,因为这段时间是许多动物下崽和成长的重要时期,不能打怀崽、产崽、孵卵和交配的动物,如果谁打了就会受到诅咒,以后再也得不到猎物。这些都体现了民族地区尊重动物、遵循动物的生长规律,客观上起到了维护动物生态平衡的作用。

对渔场边界的划定。历史上,赫哲族的经济方式是单一的渔猎经济,赫哲族有"夏捕鱼作粮,冬捕貂易货,以为生计"的说法。古代捕鱼的渔场没有固定的归属,"赫哲人认为谁最初开辟的渔场,就由谁家年年在该处捕鱼,大家公认这个渔场就是他家的,其他人则不去该处捕鱼"。即使在同一渔场捕鱼作业时,也要共同遵守轮流作业制度。捕鱼界限的习惯性界定,一方面避免了对鱼类的过度捕捞,有利于保护鱼的繁殖能力;另一方面避免渔业生产的无序竞争,对保护鱼类资源、实现资源的适度利用也具有重要意义。猎场为公共所有,谁先到猎场,谁就获得了临时狩猎权;在狩猎前划分猎场,狩猎时不得越界乱捕等。

广西金秀沿河十村茶山瑶,每年春社时社老须向聚会的居民"料话",宣布关于捕鱼的时节和方法的公约。规定:每年钓鱼期和装攒撑鱼期是二月春社以后至八月秋社止;任何时候不准撒网和用药毒鱼;家中有人生病,需用鱼作祭品送鬼时,只许塞滩得几条,不许多捕;家中有老人过世,只许塞滩捕和摸鱼一天,捕多捕少不拘,但仍不能用其他方法捕捉。水族规定:在河段、鱼塘用药毒鱼者,按上一年鱼的收获量赔偿。

（五）农牧业保护乡规民约

农田耕种保护规定。四川甘孜德格藏族规定:每年春耕季节,各村由寺庙卜卦决定春耕具体时间,张贴于庙门,使民众周知。任何人都不得推迟或提前开犁播种，否则将受到严厉处罚。西藏江孜藏族部落规定：田地应保持圣洁和安静，两个人若在田地里吵骂，每个人要罚四鲁古（羊头）的青稞，还让其请喇嘛求神一天。青海果洛藏族部落规定：农田为其主所有，实行轮作。一岁为小麦、青稞；复岁为豌豆、蔓菁，以利养地护土。若非闰月，即于猪月轮值之月定吉日开犁耕种，继之平田土，碎僵块，下种籽，锄松两次之后，鼠月齐苗，牛月见穗，虎月焚霜，兔月实熟，兔月尽时选黄道开镰。犁镰超前迟后则罚。未至收割时期，耕畜、乳牛轮户值牧，践食农田，或于田边渠旁割草砍柴则罚粮。果洛高原农业采用青稞、麦类和豆类的轮植耕作技术，达到养地培肥保水的目的。

青海互助土族的主要农作物是青稞，护青期从每年农历五月十三举行"插牌"仪式开始，至九月初九举行"谢降"（拆牌）活动后结束。乡规民约规定：护青（插牌）期间，村内不许砍树、不许拆房、村民之间不许吵架和斗殴、不许在田间地头放牧牲畜。如有违抗，便由庙官、老者、特日其处理，轻者劝说、警告，重则罚款、罚粮、罚款数额一般为20~60元不等，罚粮数额一般为50~60斤[*]。在护青期间，每天有老者、特日其在田间地头巡逻保护青苗，重视对土地耕作物的保护，土族以"护青"为核心的土地耕作物的保护制度一直沿袭至今。

农业生产秩序保护规定。《约法款》是侗族古代社会组织内部规约的款词。贵州侗族每年有"三月约青""九月讲黄"的"讲款"习俗。春季讲款在农历二月初举行，称为"约青"。全寨成年男性聚集在鼓楼，聆听寨老讲述保护秧苗，合理使用水源，约束各家各户鸡鸭放养，确保生产活动正常进行等内容的侗款；秋季讲款在农历八月初庄稼成熟时举行，称为"约黄"。寨老再次召集村民到鼓楼，提醒大家要爱惜自己和他人的劳动成果，不要乱偷乱拿。同时，各种社交活动陆续开展，大家更要尊重祖宗传下来的"款约"。

---

[*] 斤为旧制，1斤等于500克。

谷物是侗族重要的粮食来源，侗款对偷盗谷物的犯罪，在得到证据、取得赃物之后，对罪犯采取游乡示众来告诫各村寨的人，并将罪犯以及父母双亲驱逐出村寨，"以后不许他父住寨中，母也不许进村里，赶他去远处，抛他天脚下"。

牛是侗族及其先民最重要的生产资料之一。因此，侗款对偷盗黄牛、水牛以及其他家畜如猪、羊等的犯罪，给予重刑的惩罚。对于抓住的偷盗家畜者，要"邀集众人，像水獭追鱼尾、狗脚跟兽脚；寻到你们村前寨后"，公开示众并给予严厉的重罚。清康熙十一年（公元1672年），贵州从江《高增款碑》碑刻规定："为尝闻思事以靖地方，朝廷有律法，乡党有禁条，端土俗。……议偷牛（盗）马、挖墙拱壁、（偷）禾谷、鱼，共（公众）罚钱二十千文整"。

云南摩梭人乡规民约：土地在秋收后到翌年四月可作牧场放牧，五月以后禁止放牧；山场分牧场、柴林（柴山）和禁林（神山）三种，牧场分封给各斯沛（贵族）；柴林按摩梭、彝族、普米族划分，若越界砍柴，则罚酒一坛、羊一只、茶两筒；禁林有格姆山等八处，侵犯者罚款、降等级，火烧者罚牛一头，等等。

民族地区延绵千年的传统制度中富含生态保护的内容，其通过乡规民约的代际传递，有效解决了民族地区人与自然如何相处的问题。从自然规则中找到相应的活动规律，制定规则来约束人们在社会活动中的行为规范，长此以往，逐步形成了遵规守约的传统道德理念。

三、生态保护法令

民族地区生态保护法令是在禁忌习俗、乡规民约等习惯法的基础上，由历史上民族地区政权或部落共同协商制定的具有权威的成文法律形式，对于保护自然资源和生态环境发挥了积极的作用。

（一）草原保护立法

历史上北方草原游牧民族长期过着"逐水草而迁徙"的生活，草原是牧民的生存之本，为保护和合理利用草场，蒙古族、哈萨克族等民族地区政权和部落相继通过立法的形式保护草场资源，保障了畜牧经济和社会秩序的稳定。

禁止破坏草场。在蒙古族人心目中，"苍天就是牧民眼中的活佛，草原就是牧民心中的母亲"，为防范破坏草场行为和草原荒火的发生，在各个历史时期陆续制定了具体的成文法典，实行了严厉的处罚。公元1206年，成吉思汗统一蒙古草原各部落建立了蒙古汗国，将蒙古族之前的诸多习惯法中的条例以正式法典《大札撒》（又称《成吉思汗法典》）确立下来，规定"禁草生而镬地"。禁止初春牧草泛青时挖掘草场，谁违犯了就要受到严厉的惩罚，这是关于禁止围垦草场的规定。

草场禁火。保护草原的重点是防火，《大扎撒》规定："禁浸溺于水中，或藏匿灰烬之上"。在灰烬上溺尿，尤其在新灰、热灰上溺尿，容易迸发火星，在无遮挡、风大的草原上很容易引发荒火。《大札撒》是对古代"约孙"制度、传统习惯法的继承和发展，第一次以明确的成文法律形式将保护草原的习俗明令化，并对破坏草原的行为给予最严厉的惩罚，强化了对草场生态的保护。

元朝统治者对于草原荒火也做出严格的防范规定，据《元史·本纪第八·世祖五》记载："（十年）冬十月乙卯，禁牧地纵火"。冬季干旱，更易发生荒火，因此，严令禁止牧地纵火。公元1368年，元顺帝退出元大都，宣告了大元王朝的正式结束，蒙古族重回草原各自为政的部落时期，相继制定了诸多有关草原保护的地方性民族法律。《阿勒坦汗法典》第七十六条规定："失火致人死亡者，处罚三九牲畜。……因报复出于恶意纵火者，杖一，罚牲畜九九"。《喀尔喀七旗法典》（又称《白桦法典》）第五十八条规定："发现失放草原放火者,向(放火人)罚要五畜加一马,(放火人)如以赔偿代错,可赔五畜一百(倍)"。第七十四条规定:"纵火者,罚五。目睹者可获取所罚之物"。《卫拉特法典》第六十条规定:"如有人灭掉已迁出的鄂托克之火,可向遗火人要一只绵羊""迁徙者于驻牧地留有火苗隐患,给及时处置者支付一只绵羊;野火或洪水中救出人命,须给予五头牲畜;野火或洪水中救人而死,获得以博尔和为首的一九牲畜赔偿"。罚畜刑是古代蒙古族立法中一个独特的刑罚形式。"九畜"罚,指赔偿"马二匹,牛二头,羊五只",代表着最严厉的惩罚。其次是"五畜"罚。牲畜是牧民的主要财产,对草原失火者、报火者、灭火者给以数量不等的财产惩罚和奖励,体现了古代蒙古族法律奖罚分明的原则。

清朝对蒙古族地区实施"因俗而治",公元1667年颁布的《蒙古律例》及公元1818年辑成的《理藩院则例》都延续了旧有的以罚代刑制度,"罚牲"规定"罚罪之九数,乃马二匹、犍牛二双、乳牛二双、三岁牛二双、两岁牛一双;五数则犍牛一双、乳牛一双、三岁牛一双、两岁牛二双"。

生活在新疆阿勒泰地区的哈萨克族阿巴克克烈部落制定的《阿巴克克烈部落条例》规定:"如果在他人的冬牧场放火,导致他人牧场狭窄就一年内偿还所有损失"。在私有权属明确的情况下,法规就因防火所造成的损失进行偿还,实施性更强。通过制定严厉的法律,来提高牧民的防火意识,杜绝荒火的发生,对于以草原为本的畜牧经济至关重要。

禁止越界割草放牧。草场是牧民饲养的牲畜的重要饲料,各部落划定了自己的放牧界限,要求在自己牧区合理放牧,保护草地持续生长,同时也禁止到别的部落草地上胡乱放牧。这样形成了维护各部落草场的法规,通过立法规范了畜牧业经济秩序。

据《元史》记载:成吉思汗七世祖的妻子莫拏伦,因为饥饿的札剌亦儿人掘了她儿子草场的草根而十分生气,训斥札剌亦儿人:"此田乃我子驰马之所,群兒辄敢坏之邪"!乱掘草场将导致草原遭受破坏。争吵之中札剌亦儿人杀死了莫挐伦。致使莫挐伦如此气愤的原因，一方面是因为外族人侵入并破坏了她的草场；另一方面是因为当时的蒙古草原有着"因随意割草和放火烧了草原的人要被诛杀全家"的草原习惯。《蒙古史》中记载："各部落各有其地段，有界限之……"。逐草而居虽然是蒙古民族的基本游牧方式，但并不意味着游牧区域具有绝对随意性，各地区的牧场大体划分区域，成为固定的部族或部落放牧所。

哈萨克族诸部落曾长期处于蒙古金帐汗国的统治之下，加之与生活在周围的蒙古族的交流，哈萨克族草原的习惯法深受蒙古族的影响。在哈萨克汗国时期颁布的《头克汗法典》中也有规定："牧场为氏族共同体所有，侵占他人牧场或土地要受到处罚"。在哈萨克牧区，越界放牧的行为分别会受到罚羊1只，看管之人受责打等处罚。此外，哈萨克族有关草原的法规规定："谁先扎营，支锅钉桩，草场就属于谁，但占有营盘的人不得在草场内驱赶他人"。这两条规定明确了草场的权属方式，以求不重复占有，避免造成草场的过度承载。汇编哈萨克习惯法的《西西伯利亚吉尔吉斯人条例》第一百六十八条规定："土地是氏族共同体所有，用以游牧业""谁带着帐篷和牲畜占有别人的土地，谁就要从该地被驱逐出去，而看管之人要受责打"。第一百七十条又进一步明确规定："如有人割他人土地上的草者，必赔偿因此而引起的损失的一半，并取回所刈之草"。以上多条法律都是关于草场所有权的保护及限制的规定。

（二）树木保护立法

森林具有调节气候、涵养水源、保持水土、防御风沙的生态功能，为各民族生存发展提供了保障。在草原游牧地区，人们很重视对森林等植物资源的保护，对禁止砍伐者、处罚砍伐者、奖赏发现者都有较详细的法律规定。

禁伐树木。草原民族把破坏草场、乱砍树木、污染水源的行为视为不能容忍的可耻行径和违法行为，给予严厉的道德谴责和法律惩处。

元朝统治者颁布法律惩治乱砍滥伐者，据《元史·刑法志三》记载："诸于迥野盗伐人材木者，免刺、计赃科断"。《元史·本纪第五·世祖二》规定："三年春正月辛未，禁诸道戍兵及势家纵畜牧犯桑枣禾稼者。（七年）二月乙酉，申严畜牧损坏禾稼桑果之禁"。严禁放纵牲畜，毁坏庄稼作物。

蒙古族《喀尔喀法典》第一百三十三条规定："凡建有寺庙之地，库伦界限以内不得砍伐活树或枯死之树，在库伦辖地外一箭之地内的活树不许砍伐，谁砍伐便没收工具及随身所带全部财产，并将没收之物送给发现之人"。规定了寺庙周围是禁止砍伐的辖地范围，同时规定了禁止砍伐活树和枯树。第一百三十四条规定："从库伦边界到能分辨牲畜毛色的两倍之地内的活树不许砍伐，如果砍伐，没收其全部财产"。以没收全部财产的量刑处罚，不仅加大了处罚的力度，而且制止了人们乱伐树木。

鼓励植树造林。西夏是中古时期以党项族为主的民族在西北地区建立的王朝。《天盛改旧新定律令》是西夏天盛年间颁布的西夏文法典，也称《西夏法典》。其中第十五章《地水杂罪门》规定："沿唐徕、汉延诸官渠等租户、官私家主地方所至处，应沿所属渠段植柳、杨、榆及其他种树，令其成材，与原所植树木一同监护。除按照时节剪枝条及伐而另植以外，不许任何人砍伐等"。

蒙古元世祖时期，制定了"既有裨益，又重观瞻"的植树法规，规定"种植之制，每丁岁种桑枣二十株，土性不宜者，折种榆柳等，其数亦如之……所在官司申报不实者罪之"。规定每名男子每年要种桑、枣二十株；或根据土地情况，栽种榆、柳等代替。同时严饬各级官吏督促实施，如失职或审报不实，按律治罪。

（三）水源保护立法

水源既是人类生命之水，也是动植物生长所需的重要自然资源，少数民族历来重视水源的清洁和保护，制定了水源保护和合理利用的相关规定，有效地保护了水资源和农业生产用水秩序。

严禁污染水源。蒙古族《大札撒》有许多关于禁止污染水资源的法条,如"禁民人徒手洋汲水,汲水时必须用某种器具。禁洗濯、洗穿破的衣服""禁于水中和灰烬上溺尿"。蒙古族严禁在河里溺尿、洗澡和洗涤衣服,目的就是保护水资源的清洁。蒙古族有史料记载,有一次窝阔台和察合台一起出去打猎,他们看到一个木速蛮坐在水中洗澡,因此,想要杀掉这个木速蛮。蒙古族要求牧民在取水时必须使用器皿,而不能用手掬水,因为草原上水资源缺乏,用器皿舀水既可以避免浪费,还可以保持水源干净。

"东巴教"是云南纳西族信仰的原始宗教,东巴经是祭司念诵的经文,经书在纳西人心中是至高无上的。经书中有"不得在水源地杀牲宰兽;不得随意丢弃死禽死畜于野外;不得随意采土挖石;不得在生活用水区洗涤污物;不得在水源旁大小便;不得滥搞毁林开荒。立夏过后实行'封山',禁止砍树和狩猎"的禁律,经文对纳西人约束行为、保护水源林地环境具有法典的作用。

规范用水秩序。水是草场、畜牧的生命。蒙古族《喀尔喀法典》中有"抢水"一罪:"某人掘一新井或清理(旧井),而另一人抢水者,罚三岁马一匹。但若此人让自己牲畜饮毕水后,不给(他人用)水,也罚一马。不给饮水者乘骑之马,罚三岁羊一只。明知故犯,弄脏水者,罚三岁牛、马各一,牛交归证人"。严禁独自霸占别人的水井,要求共同利用草原上的水井,更不能因为相互争夺而污染水资源,如果发生争执而把水弄脏,则受惩罚,对水资源的管理进行了严格的规定。

《阿拉善蒙古律例》规定:"鉴于本王世居于此,自嘉庆十一年至今严禁任何人从乌勒吉木伦河引水灌田。今后如有人从乌勒吉木伦河引水灌田被发现者,将该人田地全部没收归仓,并将违者严惩。但种小块菜蔬园地者例外。为此,永为定例,以示遵行,记入印文档册"。"查近数年来,本土苏鲁兑绵羊增多,水草感到缺乏,如能将和希格图木伦河沿除原有仓里种的地以外,将其余我旗属下家人等所种之地永远禁止。将河水下放,以供苏鲁克绵羊饮用,在后日对绵羊及马群苏鲁克有莫大之利益。为此规定今后禁止在该河沿耕种田地,永为定例遵行,记入印文档册"。在缺水的情况下,严禁农田灌溉与草场、畜牧争水,缓和了因缺水而引起的矛盾,保护了草原畜牧业的发展。此外,清嘉庆二十年(公元1815年)《回疆则例》中也明确对水源进行了立法保护。

严禁破坏水利设施。傣族最早的成文法规《芒莱·干塔莱法典》第二部分处罚条文里比较突出的一项就是严禁破坏水渠和破坝偷水、放水行为,其中的《召片领罚款法规》第六条规定:偷放鱼塘、水塘里的水,罚款一怀零一漫*。西双版纳的傣族为规范水资源管理,保护水资源,早在公元1778年的《议事庭长修水利令》明文规定:"大家应该一起疏通渠道,使水能顺畅地流进大家的田里,使水能顺畅无阻"。对于无故不参加修筑沟渠者,要处以各种惩罚,即使是贵族子女也不例外。另外,《西双版纳傣族封建法规》第三章第三节第三十、第三十三、第三十四、第三十八条对破坏水坝、水渠、破坏水沟、偷放水及妨碍灌溉等行为都有具体的处罚规定。

(四)动物、牲畜保护立法

北方草原、森林民族长期过着逐水草而居,以射猎为业的生活。这些条文对于野生动物资源的保护仍然遵循猎取有时的原则,尊重自然生长规律,保护珍稀动物,不同的是刑罚有了具体的规定,这样可以使得法律的贯彻和执行更加具体化、科学化。

严禁偷猎野生动物。公元629年,松赞干布统一吐蕃建立王朝后以藏传佛教"十善法"为教义,颁布的第一部法令《法律二十条》规定:"要相信因果报应,杜绝杀生;严禁猎取禽兽"。公元1505年,法王赤艰赞索朗贝桑波

---

* "怀",傣语意为"一百",相当于3.3两银子。

颁布公告："尔等尊卑何人，都要遵照原有规定，对土地、水草、山岭等不可有任何争议，严禁猎杀禽兽"。公元 1648 年，西藏地方政教领袖五世达赖喇嘛颁布禁令："教民和俗民管理者、西藏牧区一切众生周知：圣山的占有者，不可乘机至圣山追赶捕猎野兽，不得与寺中僧尼进行争辩"。十七世纪初，由西藏噶玛政权发布的《十六法典》规定："为挽救生命垂危之动物，使他们平安无恙，遂发布从神变节（藏传佛教著名传统法会，每年从正月一日至十五日）到十月间的封山令和封川令，即禁止进山狩猎，禁止下河捕杀水栖陆栖大小动物"。17 世纪后期，由五世达赖喇嘛制定的《十三法典》规定："宗喀巴大师格鲁派教义对西藏地方政教首领曾颁布了封山蔽泽的禁令，使除野狼而外的兽类、鱼、水獭等可以无忧无虑的生活""在假的五个月呈发布封山蔽泽令"，又重申了封山蔽泽禁令。十九世纪初，由色达部落阿握喇嘛丹增大吉制定的《黄皮律书》规定："封山禁谷，严禁狩猎，严禁使用猎枪猎狗捕杀野生动物等，要求僧俗严格遵守"。公元 1932 年，十三世达赖喇嘛颁布禁令："从藏历正月初至七月底，寺庙规定不许伤害山沟里除野狼以外的野兽，平原上除老鼠以外的动物，违者皆给不同惩罚"。因害怕会踩死路上的小虫，大多数藏传佛教寺院甚至禁止僧人每年七月间出外踏青。每一座藏传佛教寺庙及其周围地区，都被赋予神性而成为必须保护的地方。

伊斯兰教《古兰经》规定："对一只动物之善行与对人之善行同样可贵；对一只动物之暴行与对人之暴行有同样的罪孽"。新疆的维吾尔、哈萨克、柯尔克孜等民族地区信仰伊斯兰教，对保护生态、保护自然有极大作用。

严禁偷盗。蒙古族《大札撒》中有关涉经济法的内容，如禁止拾遗和偷盗，盗马者除必须赔偿外，并课以罚金，不能缴纳罚金者处死。《元史·刑法志》记载："诸盗驼、马、牛、驴、骡，一赔九"。《阿勒坦汗法典》第五十六条规定："偷猎野驴、野马者，处罚以马为首的五畜；偷猎黄羊、雌雄狍子者，处罚绵羊等五畜；偷猎雌雄鹿、野猪者，处罚牛等五畜；偷猎雄岩羊、野山羊、麝者，处罚山羊等五畜；偷猎雄野驴者，罚马一匹以上；偷猎貉、獾、旱獭等，罚绵羊等五畜"。

《卫拉特法典》第三十条规定："偷盗骆驼一峰的人，应罚牲畜九的十五倍。但盗种马一匹，罚九的十倍；盗牝马一匹，罚九的八倍；盗牝牛、马驹或羊一只，罚九的六倍"。根据偷猎野生动物和偷盗家畜种类和数量，对猎盗行为处以轻重不等的罚畜刑。

牲畜是牧民的重要财产，每个人都有保护的责任。《卫拉特法典》第三十三条规定："迷入别人畜群的牲畜，应保护三天"。对于丢失牲畜的行为，制定处罚规定。《大扎撒》规定："丢马之人不管从谁处找到丢失之马，罚此人一九；如果不能给九畜，杀其人"。此外，还规定："禁打马匹之头面。战斗间隙，要放马于草地饱食，禁止骑乘"。马匹是蒙古族重要的游牧交通和部族争斗的工具，严禁击打惊吓和劳役马匹，蒙古族的爱马之心可见一斑。

《阿勒坦汗法典》规定："救护绵羊山羊群脱离风、雪、雨之灾害，则从每群中取好绵羊一只。救出遭狼害之绵羊群，则从每群中取好绵羊二。从泥水之地和荒火中救出骆驼，则以驼计每峰，取好绵羊一只。救出牛群，则取牛一。救出马、牛，则取羊一。救出马群，则取马一。救出绵羊群，则取好绵羊二。从沼泽陷泥之地救出骆驼，则每驼取马一。若是马、牛取绵羊一。因嬉戏使牲畜落水而死，则罚三九"。详细制定了牲畜救护的条款，对于救助和丢失牲畜的行为做到奖罚分明。

清雍正十一年（公元 1733 年）制定的《西宁番子治罪条例》（简称《番例条款》）是专门治理宁夏、青海、甘肃等地民族地区的法律，其中规定："凡砍杀牲畜者，除赔偿外，罚一九""误射马匹死者，照数加倍，未死者罚一头牛"。《番例条款》所规定的大量罚牛马赎罪，和令当事人"设誓"具结，表现了极大的掠夺性和神明裁判的宗教色彩。

清乾隆五十四年（公元 1789 年）《理藩院则例》规定："偷盗行围场营盘马匹五匹以上者，不分蒙古民人拟绞立决示众。三匹以上者，发云贵两广烟瘴地。一二匹者，发湖广闽福建赣浙等省，俱交驿站分发当差著伍。从犯各减一等"。对于侵犯财产私权的盗抢之罪，都给予严惩。

禁捕有孕雌兽和幼兽。受宗教思想影响，放生受孕母兽和幼崽，使其不受到任何伤害，并以法律的形式规定严禁猎杀受孕的母兽和幼崽。蒙古族《大札撒》第二十一条规定："狩猎结束后，要对伤残的、幼小的和雌性的猎物进行放生"。第五十七条规定："保护马匹。春天的时候，战争一停止就将战马放到好的草场上，不得骑乘，不得使马乱跑"。狩猎是蒙古族军事化训练的重要内容，但狩猎结束后，就要放生幼兽和雌兽回归山林。

元代颁布的保护野生动物的诏书多达五十余次。据《元史》记载：忽必烈执政时期颁布诏令，"至元二十四年，禁畏吾地禽兽孕草时畋猎。""至元二十五年，救驰辽阳渔猎之禁，唯毋杀孕兽。""三月甲午，禁捕鹿羔。""至元二十八年，诸每岁，自十二月至来岁正月，杀母羊者，禁之。"据《马可·波罗游记》中记载："忽必烈颁布法令，禁止所属各国臣民在每年三月到十月间狩猎旱獭、黄羊、野马等。严禁扑杀骑用或驮用家畜。严禁使用骑行、重荷、绊脚绳和打猎使其疲惫不堪。严禁扑杀怀胎、幼小、交媾和哺乳期动物"。公元1297年，大德元年成宗下令："在前正月为怀羔儿十分，至七月二十日休打捕猎者，……如今正月初一为头至七月二十日，不拣是谁休捕者，打捕人每有罪过者"。元末惠宗下令："至正二十八年，夏四月己巳，禁屠宰牝羊"。北元时期，蒙古族《喀尔喀法典》第十四条规定："急使不许骑用怀驹母马或下驹母马，骑用者处罚三岁羊一只"。其补充条款规定："一般而言，牲畜最佳怀胎期为：骆驼——夏六月，母马——冬十二月，母牛——秋九月，母羊——秋八月。以上诸月确保母畜怀胎"。严禁在母畜的孕育时间内骑用和扑杀。

规定围猎期和禁猎区。蒙古族严禁滥捕野生动物，并对狩猎时间有着严格的限制。在限制猎取方面，主要采取的是"取有时"，即规定围猎期和禁猎期。《大札撒》规定："从冬初头场大雪始，至来春牧草泛青时，是为蒙古人的围猎季节"。每年的冬季初雪到第二年春季草绿是食物匮乏的时候，需要进行狩猎以补充食粮。到了春季是禽兽的发情繁殖期，必须禁止狩猎活动，以让它们繁衍生息。

元朝《刑法志》规定："诸每月朔望二弦，凡有生之物，杀者禁之。诸郡县正月五月，各禁杀十日，其饥馑去处，自朔日为始，禁杀三日"。元朝忽必烈下令：禁止捕杀野猪、鹿、獐等动物，保护天鹅、野鸭、鹘、鹤、鹧鸪、鹰、秃鹫等飞禽。几乎所有元代统治者都下达过保护野生动物的法令。

元朝统治者多次颁布诏令，严禁在京畿禁地内和围猎期外狩猎。据公元1323年颁发的元代法典《大元通制》中《通制条格》记载："中统三年十月，钦奉圣旨：中都四面各伍佰里地内，除打捕人户依年例合纳皮货的野物打捕外，禁约不以是何人等，不得飞放打捕鸡兔"。忽必烈时期，在元中都附近五百里地内划定禁猎区。《元史》记载："冬十月庚申朔，申禁京畿畋猎。""冬十月乙丑，诏禁京畿畋猎。""秋七月壬寅，申严京畿牧地之禁。""（十年）九月辛巳，禁京畿五百里内射猎。""（十二年）五月丁亥，申严屠牛马之禁。""至大四年三月，饮奉诏书内一款：百姓于禁地内打捕野物者，仰管围场官与各处有司一同断罪，毋得似前断没家产。"对违者禁令者，无论何人均问罪，并没收家产。《元史》记载："至元八年十一月，尚书省札付该先钦奉圣旨，节该打捕鹰房民户，天鹅、鸬、鹅、仙鹤、鸦、鹘休打捕者"。《马可·波罗游记》中记载："此地周围二十日程距离之内，无人敢携鹰犬行猎。在大汗所有辖地之中，有兽四种，无人敢捕，即山兔、牡鹿、牝鹿、獐鹿是已。此禁仅在阳历三月迄阳历十月之间有之。违禁者罚。……惟逾此阳历三月至十月期限之外，则解其禁，各人得随意捕之"。由此可见，在元朝猎禁是常态，弛禁才是特殊情形之下的恩赐。北元时期《卫拉特法典》第二十五条规定："在王公禁猎区灭绝野山羊者，罚一九及驼一只之财产刑；不知是禁区而犯之者则不坐罪"。第四十九条规定："毁坏诸颜所属禁猎区，驱惊禁猎区野兽，处罚以骆驼为首的一头牲畜；不知禁猎区者，弄清真相后可免罪"。并且在日常生活中也得到了践行。

民族地区在与自然的交往和生产生活实践中，逐渐形成和建立的宗教习俗、乡规民约、立法措施等行之有效的法制保护，最大程度地保护了民族地区自然资源和生物多样性的丰富和完整，对于缓解人与自然的冲突，与自然共生共荣、和谐相处具有积极意义。

第四章

民族地区的生态实践

民族地区在长期的农业生产生活实践中创造出丰富多彩的生态文化，并在世代传承中不断沉淀、过滤累积，形成具有鲜明地域特色、独特民族色彩、厚重历史积淀的生态实践，既是对生产经验的总结，又是指导生产的一种手段，具有明显的传承性，是民族地区生态智慧的世俗化呈现。

一、民族地区生产方式中的生态实践

民族地区先民在筚路蓝缕数千年的生存发展进程中，为适应各自所处的自然地理生态环境条件，因地制宜，创造性地开发出山林刀耕火种农业、林粮兼作农业、梯田稻作农业、坝区稻作农业和畜牧型农业等多样性的农业生产方式，保障了各民族的繁衍和发展，其中包含着对资源的合理适度利用、生态环境保护和人与自然和谐统一的生态智慧。

（一）林粮兼作型农业

林粮兼作型农业主要分布在我国广西、贵州、湖南、广东等省（自治区），这一区域地貌复杂，气候湿热，降水量大，蒸发量大，植被丰富。主要生活的民族有侗族、壮族、瑶族、苗族等。"林粮兼作型"农业生产方式是山地民族不断适应环境的生计模式。

1. 林粮兼顾与多种经营

林粮兼作型农业是在人工营造的林地内，于树行之间的宽阔地带种植农作物的间作形式。林粮兼作型农业的生产过程包括：开荒备地、育苗栽树、林粮间作、抚育管理、采伐运输五个主要环节。

贵州锦屏素有"杉木之乡"的美誉，人工造林已有500多年历史。明代中期，锦屏杉木作为"皇木"，通过清水江、长江、运河运往京城修筑宫殿，带动了以锦屏为中心的清水江流域持续几百年的木材贸易大潮。为解决由于山多地少引发的林粮矛盾，人们便在新造的林地里，利用幼林的空隙套种小米、苞谷等旱粮作物。久而久之，便形成了"林粮间作"生产模式，由此形成了"靠山吃山，吃山养山"的生产方式。杉苗地里套种小米，既管护杉苗，又管护小米、红薯、洋芋等农作物，补充粮食作物，增加收入。林粮间作，防风效果好，可降低风速，预防风害。改善田间小气候，增加湿度，减少蒸发量，预防干热风。树木涵养水源，具有保水作用。树枝叶有滞留雨水的功能，增加空气中湿度，减少土壤水分的蒸发。树的枯枝落叶蓄水功能也很强。特别是暴雨时节，可减少地表径流，避免水资源的浪费，减轻农作物的受害程度。在杉木传统种植与管理系统上，较好地实现了生态维护和资源利用平衡。

历史上，侗族的经济林木以单一的杉树为主。杉树系优良树种，经济价值高，但生长期较长，一般要18～20年成材。为了追求更大的经济效益，更充分地利用地力，侗族、瑶族、壮族等民族又在林粮兼作农地中，种植了油茶、油桐等经济价值高、见效快的树种，使林粮兼作地的地力得到充分利用，季节性的生产也得到充分利用。侗款规定："向来正月带刀斧上山砍柴，二月斗笠蓑衣，三月用钉耙，四月用犁耙，五月有茄豆、黄瓜，六月禾抽穗，七月莫坐仓恋爱，八月莫留伴玩耍。这些规矩，家家有男要教，养女要训，哪人不听，四村不许，六洞不容"，明确了侗族的生产月令。一、二、三月为林业的操作期，林间的间伐和疏伐安排在一月完成，而林间的中耕安排在二、三月完成，四月以后才开始大田农作。除了林间的必要管理期外，一年中绝大多数时间，林区完全处于封闭状态。这样的月令安排，既确保了林区的安全，又有利于大田农业生产的耕作。广西龙胜各族自治县的壮族也娴熟地掌握了套种技术：前两年开生地种旱粮作物，并间播桐茶籽，产生了"两年粮，三年桐，七年茶林满山红"的良好效益。林粮兼作技术的推广，结束了刀耕火种的生产方式，从而满足了人口不断扩展的生存需要。为了解决林木利用问题，侗族会有意识地在林地之中开辟少量的林窗，作为"放牛坡"。由于牛群被限制在"放牛坡"中，避免进入山林，尤其是幼龄期的林地，从而减少因牛的啃食活动对森林造成的破坏。

贵州从江侗族在"林粮间作"生产模式下,在纵横阡陌的稻田中放养鱼、鸭,以稻田里的杂草和害虫为食,有效地控制住了叶蝉等稻田害虫,免去了使用农药、除草剂的危害,增强了水稻的抗倒性。鱼、鸭在水田中游动,增加了氧气流动,有利于水稻的生长,鱼、鸭的排泄物为稻田增加了有机肥料。稻-鱼-鸭复合生态系统不仅有效地缓解了人地矛盾,也能够满足村民们的基本生活需求,在提高了经济收入的同时,也改善了当地的生态环境。

2. 资源利用与生态协调

林粮兼作型农业与传统的刀耕火种农业不同。从其生产过程可以看到,前三年左右旱作农业与林业交叉,以旱作农业为主;第三年(或更长一点)后,旱作农业退出生产领域,林业独立发展。树木成材后,不是像刀耕火种农业中那样被砍伐焚烧,而是进入市场直接实现其经济价值。森林不再是土地的附庸,而是依靠自己的力量实现了生态与经济价值的完美结合。因而,林粮兼作型农业是一种商品化农业,是商品经济发展到一定程度的产物。

首先,林粮兼作型农业是一种以林为主,立体开发,综合利用,长短结合的生态经济型农业。其次,在从事林粮兼作农业的民族地区中,植树造林是一种生存方式,具有集体性、传承性等特点,这对于营造大流域的良好生态环境具有特别重要的意义。从现代生物学观点看,林粮间作形成了多年生木本植物与一年生草本植物对于光能和土地在不同高度上的多层利用,构成了间作树木与农作物的生态协调,特别是发挥林木能改善农田小气候的有益影响。再次,林粮兼作型农业逐渐成为民族地区保护生态的优良习俗,生态意识和造林护林经验也随之逐步积累。

(二)梯田稻作型农业

梯田稻作农业主要分布在中国南方的丘陵和山地。这一区域地貌复杂,热带、亚热带气候炎热,降水量大,蒸发量大,森林植被丰富。主要生活的民族有哈尼、苗、壮、土家、侗等民族,他们在刀耕火种农业与坝区水稻农业相结合的基础上,创造了"梯田稻作农业"。一千多年以来,各民族在梯田稻作农业中建立了一套独具智慧的生态调适机制。

1. 建造梯田,保持水土

梯田稻作农业的出现,是人类进化史上的一次重大飞跃。人类找到了一条既能促进社会经济发展,又可保护自然资源的可持续发展之途。

持续增加的人口,进一步缩短了土地的轮歇周期。因此,早期刀耕火种所带来的土地衰竭、严重的水土流失问题便凸显出来。刀耕火种民族面临或举族迁徙寻求新的生存空间或任凭事态恶化导致文明崩溃或改革旧有的生存方式的抉择,哈尼族、壮族等民族选择了第三条道路。聚居于滇南哀牢山区的哈尼族,自隋唐开始了由刀耕火种旱地旱稻、杂粮栽培文化向山地梯田稻作文化的重大文化转型。部分壮族、侗族等民族地区和汉族开辟梯田,整土地,引水源,种水稻,或先或后地完成了由刀耕到牛耕、火种到水种的转型。

哈尼族的哀牢梯田和壮族的龙脊梯田是梯田文化的杰出代表。哈尼族、壮族等民族垒建梯田的技术十分高超。在梯田建造中,各族人民利用每一寸土地、每个角落,精耕细耘,开垦出大小不一、数不胜数的梯田。哈尼族的哀牢梯田,大者十亩八亩,狭窄地段只能容纳一头牛。壮族的龙脊梯田最大一块不过一亩,多是只能种一二行禾的"带子丘"和"蚂拐一跳三块田"的碎田块。为了使梯田能永续利用,各族人民还采取一些维持土地肥力的措施。哈尼族除采用"冲肥"外,还对秧田施绿肥。他们认为在秧田中施绿肥有两个好处:一是秧田肥是保证秧苗健康生长的前提,而第二批秧苗紧接着前一批秧苗需要更多的养料;二是撒秧田肥时还没有到能够形成山洪的雨季,不能带来秧苗所需的肥料,需施绿肥保证养料供给。

2. 合理利用水资源

哈尼族在开辟为梯田的每座山的山腰,开挖出无数道纵横交错的水沟,将原始森林中涵养的潭水溪流引入梯田。高山泉水在沟渠中顺流而下,沿着层层梯田,由上而下灌溉梯田,上一块梯田溢满,才流入下一块梯田,这样既满足了水稻用水之需,又避免了水流对坡地沙土产生较大的冲刷力。哈尼族在沟水入田处设计有沉淀高山流水夹带而来的沙石水坑,对防止梯田的沙化和碎石堆积有很好的作用,保证了灌溉水流的畅通无阻。管理水源、兴修水沟是全族性的大事,由集体完成。每年冬季,各村寨社员全体出动,疏通沟渠,清除杂草,维修一新。在平时,沟渠稍有破损,则无需任何人组织和命令,总是谁见谁修。长期以来,护养沟渠、保护水源的行为蔚然成风。

此外,哈尼族还创造了独特的梯田施肥方法——冲肥。一方面,山顶原始森林中大量腐殖质和动物粪便顺沟冲下,流入梯田;另一方面,家畜家禽粪便、垃圾等农家肥也由沟水导入梯田。梯田具有保水、保土、施肥的功能。由于水资源的合理利用,保证了梯田农业生态系统的良性运转。

3. 保护森林,涵养水源

梯田稻作民族深刻洞悉森林—水源—梯田—稻作之间的生态链关系,创造出一套保护森林、涵养水源的方法。其他梯田稻作民族采取的水源保护方式与哈尼族相类似。

哈尼族在梯田建造过程中,不是盲目、肆意地开山造田,而是遵循生态规律,统筹规划,将大生境大致分为三部分,即山的上部为神山,山腰建村立寨,山腰及以下部分开辟为梯田,形成三段式开发格局。神山为莽莽苍苍的原始森林,被视为凡人不能进入的圣地。人们根本不敢进入其中,更不敢砍伐其中林木或在林中垦殖耕地,从而大范围内非常有效地保护了本民族生存区域的原始植被不被破坏,实际上就是保护了作为梯田文化血脉的水源。

高山上根深叶茂的森林是无数溪流和水潭的水源地,这些水潭溪流被哈尼族人引入盘山而下的水沟,流入村寨,流入梯田,梯田连接,水沟纵横,泉水顺着块块梯田,由上而下,长流不息,最后汇入谷底的江河湖泊,又蒸发升空,化为云雾阴雨,贮于高山森林这个绿色水库。从而形成了"山有多高,水有多高"的生态环境,使梯田稻作文明得以代代相传。

(三) 坝区稻作型农业

南方以傣族、壮族为代表的坝区稻作民族，在长期的稻作农业生产实践中，同样创造出一套适应和保护环境的生态调适机制。

1. 恢复和维持土地肥力

从事坝区稻作农业的民族都是定居民族，要世世代代在一个相对固定的地域上生息繁衍，恢复和维持土地肥力是他们进行生产的重要保证。历史上南方坝区稻作民族主要采取了休闲肥田、施绿肥两种方式来恢复和维持土地肥力。

西双版纳傣族地区地广人稀，一直实行一年种一季，其余时间放荒休闲的耕作制度。当地属于热带季风气候，温度高，湿度大，微生物生长迅速，在土壤频繁活动后转化为自然肥力。加之当地水稻多为高秆品种，收割后留桩甚高，在冬季这些休闲稻田多作为傣族农民放养水牛、黄牛的牧场，经过牛群的反复踩踏，将田里的野草、谷桩和牛粪踏入田土之中，这些都为傣族的"卫生田"补充了天然肥料。

与西双版纳傣族种"卫生田"的传统不同，许多坝区稻作民族采取施绿肥的方式恢复或增加地力。广西壮族在每年农历四月，稻田耙过一次后，就去山上砍一些蕨类、枫叶、芒草等，一捆捆挑到田里，铺在已经翻过的土地上，再用田泥盖好，这样过个十天半个月，等树枝树叶都腐烂后，再耙一次田，便插种稻秧。等到农历八月，禾苗抽穗时，再施一次绿肥。壮族的传统稻作农业，堪称"生态农业"的典范。

2. 保护森林，涵养水土

傣族被称为是水的民族，民间素有"有林才有水，有水才有田，有田才有粮，有粮才有人"的谚语。傣族人将森林置于人与自然关系的首位，因此十分注重森林生态系统的建构和维系，这一系统由垄林、坟林、佛寺园林、竹楼庭院林、人工薪炭林、经济植物种植园所组成。这些林区，均不能开辟为水田或旱地。由于傣族具有保护森林的良好传统，使西双版纳成为北回归线附近唯一保存良好的热带雨林区,被誉为"植物王国皇冠上的绿宝石"。而遍布各地的大片原始森林不仅可以涵养水源,而且可以肥田。原始森林中堆积着上百厘米厚的枯枝落叶和二三十厘米厚的腐殖层。这些有机腐殖质,被小溪河流和人工沟渠带到稻田中,成为天然肥料,从而达到灌溉和肥田的双重功效。

3. 建设沟渠,有序用水

傣族中流传这样的谚语:"大象跟着森林走,气候跟着竹子走,傣族跟着流水走"。傣族将水视为珍贵的资源,并在历史上形成一套健全的水资源管理规则。早在15世纪,《景洪的水利灌溉》就对景洪地区的沟渠、水利管理等进行了描述。公元1778年,西双版纳地方政府颁布的《议事庭长修水利命令》,对兴修水利作了一系列的规定,如"大家应该一起疏通渠道,使水能顺畅地流进大家的田里,使水顺畅无阻"。乡规民约规定:"开田不与林争地,修路不堵水之源"。西双版纳傣族的水资源管理不仅有一套严密的垂直管理系统;而且会有组织地定期维修水利设施。此外,还制定公平合理的分水用水规则。西双版纳地区河渠纵横,水利灌溉系统相对发达,这同傣族人民重视兴修水利,以及有一套完善的水利管理制度是分不开的。

(四)绿洲灌溉型农业

绿洲农业生产主要分布在中国西北地区的新疆维吾尔自治区和宁夏回族自治区等地。这一区域地貌复杂,气候干旱,降水量小,蒸发量大,土壤盐分高,植被稀少。主要生活的民族有维吾尔族、回族、俄罗斯族、乌孜别克族、塔塔尔族、东乡族、保安族、撒拉族和部分裕固族、达斡尔族和锡伯族,以灌溉农业为主,兼有畜牧业。

1. 兴修水利

维吾尔等民族非常重视水利设施建设,修建了许多水库、大坝,用于农业灌溉。坎儿井是古代维吾尔人根据新疆吐鲁番和哈密地区自然条件、水文地质特点创造的一项地下水利工程,总长度超过5 000多千米,被誉为"地下大运河"。坎儿井与万里长城、京杭大运河,被誉为中国古代三大工程。

新疆的坎儿井,早在两千年前的汉代即出现其雏形。吐鲁番和哈密地区干旱少雨,盆地北部的天山蕴藏着丰富的水利资源。每年夏季,山上的冰雪融水汇成河流,冲下山谷,径流进入山前的戈壁沙砾地带。大量的水在烈日下蒸发和渗入沙砾之下,能到达绿洲的水量很少。于是当地人民在这种特殊的地理生态环境下,创造出了坎儿井的节水保水灌溉方法。坎儿井的水源,就是山上的雪水经过渗漏流砾石层里的浅水。坎儿井一般由暗道、明渠、竖井和涝坝四部分组成。暗道即地下输水道,明渠用以引水灌田,竖井是暗道的出入口与通风口,为防风沙,竖井的井口常用石块或树枝、苇草封盖。用暗道和竖井把地下水引出地面,减少了地面的水分蒸发,节约了水资源,使地下水得到充分利用。坎儿井由高到低,自流灌溉,不需外加动力。

据统计,20世纪60年代新疆各地坎儿井有1 700多条,年出水量6亿多立方米,灌溉面积50多万亩(1亩=667平方米,15亩=1公顷)。其中,吐鲁番盆地有坎儿井1 100多条,全长约5 000千米总流量,灌溉面积47万亩。至今,坎儿井仍是新疆的一项重要水利灌溉设施。可以说,没有坎儿井,就没有吐鲁番的农业发展。

2. 灌溉农业与畜牧业

西北绿洲农业以灌溉农业为主,兼有畜牧业。灌溉农业主要种植小麦、大麦、水稻、棉花、芝麻等农作物。维吾尔族在从事农业的同时,还兼营牛、羊、马、驴等畜牧养殖业。家畜不仅给维吾尔族农民家庭提供了食用肉的来源,而且牛、马、驴为农业生产及运输提供了畜力。维吾尔族创造的耕牧型文明是一个充分利用生态环境、适应环境的伟大成就。

(五)畜牧型农业

中国的草原主要分布在黑龙江、吉林、辽宁、内蒙古、宁夏、甘肃、青海、新疆、西藏等民族地区聚居区，这里居住着 43 个民族，其中有 19 个民族的生产以牧业为主，如蒙古族、藏族、哈萨克族、裕固族、塔塔尔族、塔吉克族、柯尔克孜族以及部分鄂温克族和达斡尔族。他们在长期的生产实践中，创造出了畜牧型农业文明生产形态。

传统的畜牧型农业生产方式建立在天然草场的基础上，与刀耕火种文明一样，对自然资源同样具有严重的依赖性。它的良性发展是以草原生态系统平衡和良性循环为前提的，只有保持放牧地区草原生态系统的动态平衡，畜牧型生产方式才得以可持续发展。为此，就必须寻找一种有效的调适方式，在二者之间保持一种平衡机制。对于这一问题，传统的畜牧生产通过转场（游牧）和分群放牧、节制放牧的方式来进行解决。因此，传统的畜牧业本质上属于"逐水草而居"的游牧业，游牧可以让传统畜牧业对生态环境的适应和利用发挥到极致，而蒙古包、毡房等都是游牧民族生态文化的主要内容和重要表现。

1. 转场轮牧：对放牧草地的保护性利用

畜牧业生产是通过人的干预将植物生产的各种植物成品进一步转化为各类动物产品的过程，草地及其植物是畜牧业生产的基础。在长期的生产生活中，为了使牧场资源得到科学合理利用，使牲畜在一年四季都能获得充足的饲料供应，以及保障牧草的持续生长，北方各游牧民族掌握了牧场的四季变化情况和生态环境特征，根据牧草在不同季节的生长特性和牧草被牲畜食用的情况进行牧场迁移，即"转场"的放牧制。这种根据不同季节、草场质量、水源条件进行轮流放牧的转场制度，有效降低了"滥牧""抢牧""牲畜盲目集中"等现象发生的频率，这是蒙古族等游牧民族生产方式的一个伟大成就。

转场放牧牧场的选址。一般情况下，冬季牧场会选择在背风而又向阳的山洼地里，而夏季牧场会选择在海拔较高的高山地区或者是地势比较高的平滩上面，春季牧场与秋季牧场往往会安排在上述两种地形之间的山腰地区。正因为有了这样的牧场选择方式，所以藏族流传有一句谚语：夏季放牧上高山，春秋返回山腰间，冬季赶畜去平川。按照这样的转场方式，在一年之中，藏族牧民一般都会随着温度的不断下降，赶着牲畜由高处往低处迁移。夏天上山，人赶着雪跑；冬天下山，雪赶着人跑。由于青藏高原地区高寒的气候特点，冬季所持续的时间会比较久，所以藏族会在冬季牧场里生活比较长的时间，也由于这样的原因，藏族对冬季牧场会更加重视。春季转场的谚语还有：春天到了，黑泥水往路上流，牛粪墙自己倒了，出冬窝子的时间到了。

除了远距离转场外，蒙古族牧民还要根据实际情况，在营地内多次转换草场。季节营地的划分是游牧业最明显的特点。营地指集中放牧牲畜的地方，是牧人对牧场的惯称。可以分为四季营地、三季营地以及两季营地。三季营地一般将牧场划分为冬春营地、夏季营地以及秋季营地，除上述形式，也有夏秋为一季牧场的情况。冬营地不但要求植物枝叶保存良好，盖度大，植株高，还要求不易被雪埋；春季草场要求萌发早；夏季草场要求生长快，种类多，草质软；秋季的牧草要求多汁、干枯较晚，结实丰富。每一季营地驻牧期间，牧人还要根据草场与牲畜状况，做多次迁移。游牧民每年移动的轨迹、大游牧圈的形成与水源有无、草场优劣以及去年迁移中畜群留下来的粪便都有关。

哈萨克族会将牧场分为春、夏、冬三个牧场。牧民根据气候、牧草生长情况和季节的变化，不断地迁徙。游牧并不是随意的，而是每年都沿同一条游牧路线。一个牧场放牧的时间和转场的时间也有严格的规定，并不是随心所欲。游牧生产方式与农作物轮换一样，在于保护草场不至于枯竭。另外，还通过控制各种牲畜的比例，混合放牧来对草场进行保护。

牧民们可以在尽量长的时间里，通过有规律的"转场"把畜群牧放在生态系统的能源输出口——青草地上，从而达到以较大的活动空间来换取植被系统自我修复所需时间的目的。在牧人、牧畜和草场之间形成了相互依赖、相互作用的关系。人是生产过程的主体，在协调人—牧畜—草场三者关系上，人的生态观念、生态意识发挥着主导作用。

2.分群放牧与节制放牧

早在16世纪,土默特蒙古族就以分群放牧方式作为合理分配草场资源的手段。在分群放牧中,游牧民族根据牛、马、羊、骆驼等不同动物的食性、生理特点以及对环境的要求采取了因地制宜的放牧、饲养、管理方法。

蒙古族"五畜"制度。在游牧地区,牛、马、绵羊、山羊、骆驼称为"五畜"。蒙古族流传着"山地的马,沼泽地的牛,平原的绵羊,戈壁的山羊,沙漠的骆驼"的谚语,非常清晰地说明了五种牲畜适宜于生长的草场及所需环境的不同。牧人是善于观察自然、适应自然,掌握娴熟游牧知识和技术的具有高度生态智慧的劳动者,同时放养五种牲畜是他们的发明创造,是既能最大限度、充分有效地利用各种牧草资源以获得尽可能多的畜产品,又能永续利用牧草资源的伟大创举。通过"五畜"种群的合理放牧,不仅有利于牧草资源利用的最大化,同时,有利于牧草更新和草原生态系统的良性循环。五畜是蒙古高原生态环境的产物,也是蒙古族及其先民进行选择的结果。五畜结构以羊马为中心,羊马关系又以马为核心。南宋孟珙《蒙鞑备录》记载:"有一马者,必有六七只羊,谓如有百马者,必有六七百羊群也"。这种马和羊群之间的1∶6或1∶7的经典结构,一直保持到市场化干预草原畜牧业之前。根据草场实际情况,灵活组合和合理搭配五畜,不仅可以最大限度地有效利用牧草资源,而且还可以保持草原生态平衡。

分群放牧除了有满足不同牲畜的生理需求和保证其健康成长的作用之外,还有保护牧场生态的意义。一方面,让牧场上的植物一部分被牲畜吃掉,另一部分得以保留下来,保证牧场的植物不至于被"斩尽杀绝";另一方面,通过不同种类牲畜放牧的时间和空间差有利于不同植物的恢复性生长,从而促进了生态平衡。另外,蒙古族等民族对各类牲畜放牧群的规模也作出了一些科学的规定,如马群以200~500匹为宜,不宜过大也不宜过小。规模过小,则所耗费的劳动过大,提高了经营成本。而马群规模过大,一是不便管理,再多的好草也会被壮马抢吃光,那些瘦弱的马会吃不到好草或吃不饱;二是过度放牧会破坏牧场植物资源的恢复。

(六)山林刀耕火种型农业

刀耕火种是人类早期的农业生产方式,主要分布在青藏高原与云贵高原接合部的横断山脉山系南段地区。这一区域地貌复杂,热带、亚热带气候炎热,降水量大,蒸发量大,森林植被丰富。主要生活的民族有门巴、珞巴、独龙、怒、佤、德昂、景颇、基诺以及部分傈僳、苗、瑶、黎、高山等民族。刀耕火种是在森林旱作条件下选择的一种生存方式。

1.适度开发,保护生态稳定

刀耕火种农业是山地民族在长期的森林生态环境中,熟悉并了解森林生态系统、自然生态与农业生态之间的关系,而选择的一种生存方式。

刀耕火种民族对森林的砍伐不是盲目和无序的,首先他们会考察森林的种类、生产状况,以及在农业生产中处于怎样的地位。然后,根据这些情况判断并规定哪些树林是可砍伐的。其次,严格划定砍伐界线,不能超越边界。基诺族对各村寨的森林资源以及居民私有的农业耕地、茶园林地进行了清晰的划分,并规定每户人家只能在自己所属的范围内实施砍伐和耕作。他们将森林资源分成"寨神林、坟林、村寨防山火林、水源林、山梁隔火林、轮歇耕作林"六种类型。除了轮歇耕作林之外,规定其他的林地都不能实行刀耕火种。

刀耕火种"砍"和"烧"的过程决定了它对森林资源破坏作用的大小,民族地区人民运用他们的智慧,巧妙地利用刀耕火种的破坏功能来调节林木的更新和生长,顺应自然优胜劣汰的发展规律。佤族早就认识到"火不烧山地不肥"的道理,他们将一年耕种后的休闲地称为"懒活地",可以最大限度地保护利用焚烧后充满灰肥、极少害虫和草籽的表土,同时避免伤害树根,使树木快速恢复生长。不仅投入量少、产出量高,而且森林更新更快,对恢复自然生态环境更有利。

刀耕火种地俗称"百宝地",可以种植粮食作物如水稻、玉米、高粱、粟、龙爪稷、荞、稗等;纺织作物棉花;经济作物烟叶、漆、黄连、麻、花生、苏子等;蔬菜作物瓜、豆、芋头、山药、马铃薯、青菜等,满足山地民族的吃穿用等生计需要。刀耕火种地以人工植被取代天然植被,实现了由森林生态系统向农田生态系统的转化。与一般的毁林开荒相比,由于有了人工植被对生态破坏的补偿,维持了生态系统的稳定。

2. 有序垦休,促进生态循环

砍伐焚烧森林作为土地投入,抛荒休闲以恢复地力。山地民族恢复森林生态系统,主要通过轮歇和游耕两种方式。

轮歇是根据森林更新和恢复所需的年限,将林地划分出若干大片,并根据一定的规则,一年只砍烧一片耕种,其余林地休闲,下一年转耕另一片林地,周而复始。林地轮歇的年限,多则十几年,少则二三年,各民族各地区均不同,但都必须等地力恢复。清代苗族人,土地"刀耕火种,三四年后辄弃而别种。数年后,地力复,则仍垦之"。当代佤族(西盟大马散)土地轮歇期是10年,布朗族(勐海县曼兴)轮歇期是12~15年,基诺族(景洪县曼雅)是13年。云南沧源县单甲乡帕结佤族村,全寨轮歇地被划分为17片,每年只耕种其中一块,每块地都有固定的顺序,历经几百年的漫长岁月都不曾打乱,寨民甚至形成了用轮歇周期来记年龄的习惯。根据不同生境条件,采取时间长短不一的轮歇,是一种有序的轮歇耕作制度。棉花、豆科作物及苏子、芝麻等肥地作物与禾本科粮食作物的轮作,达到更新地力,延长耕种期限的目的。山地民族刀耕火种的轮作技术,是节约土地、缓解人地矛盾的有效方法和经验,也体现了很高的作物分类及土地利用的知识水平。

游耕是在某一林地耕作数年,等地力耗尽,旋徙他处,寻找新的林地。历史上瑶族支系过山瑶等族系多实行游耕式刀耕火种。明代王临亨《粤剑篇·志土风》卷二载:瑶民"食一山尽,复往一山,与北虏之逐水草驻牧者相类"。清代傅恒《皇清职贡图》卷四载：广远府瑶人"以焚山种植为业，地力渐薄，辄他徙，前夕故以过山为名"。独龙族、怒族、哈尼族等均实行过游耕。在森林资源因过度垦殖又不能短期内迅速再生以满足继续耕种的时候，迁往别处不仅可以使游耕民立即获得新的良好的产食条件，还可以使林地摆脱人类的进一步使用，通过数年调适后，林地便重新恢复平衡。刀耕火种使用的工具非常简单，就地取材，木制工具与铁锄、铁犁并用，因其各具功能，以适应海拔高低、坡度大小、土壤肥瘠不同耕地和不同耕作方式的需要。

刀耕火种民族地区通过有序的垦休循环制，使得森林植被得到了保护和恢复，这种方式不仅能保持水土的肥力，而且轮歇休闲地的动物生存环境得到了很好的保护，食物链较为完整，为刀耕火种民族提供了丰富的采集、渔猎资源，形成了良好的生态系统循环链。

3. 重视自然植被的恢复和人工造林

在刀耕火种的过程中，南方山地民族会采取一些防止山火蔓延、恢复森林植被的保护措施。瑶族烧山前，要提前做好水路准备，广西金秀大瑶山团结公约规定："凡放火烧山，事先各村约定日期，做好水路，防止烧毁森林"。基诺族烧畲前，要在被砍倒的草木周围，砍出数丈宽的"隔火道"，防止烧山时烧到边上的草木。土家族烧畲前，要先修好防火线，烧时要"放倒火"，从山顶点火往山下烧，有利控制火势。做到"火不熄灭，人不离开"。为了防止烧地越过山界，距山梁一米以内的森林地带不能砍烧，必须留作防火林带。

怒族和独龙族在砍伐森林时，会留下大约二尺（1米=3尺，余同）高的树干，这样有利于树干快速发芽生长。为了让树木快速生长，他们还会用枝叶覆盖在树根周围，避免树根被烈日暴晒。此外，在轮歇地上人工植林也是恢复生态的方式。佤、景颇、傈僳、独龙等民族栽种速生林水冬瓜树，只要二三年水冬瓜树就可以长到7米，可在较短的时间内恢复植被，以补充地力的不足。怒族等民族栽种经济林漆树，这种树烧后灰烬多，可为轮歇地提供土壤肥料，缩短休闲期。

从表象看,"砍倒烧光"树木是破坏生态环境,事实上是在生产手段极端落后的条件下,通过破坏和补偿两种机制调整与生态环境的动态关系,以适应生态平衡的要求。刀耕火种的生产方式实际上是以森林生态系统的良性循环为基础和前提的,作为一种"森林孕育的农耕文化",它取得持续发展的本质在于顺应森林系统,使之处于平衡状态。直到中华人民共和国成立后,许多民族仍然实行这种粗放的耕作方式。据统计,仅云南省刀耕火种热带山地面积就有10余万平方千米,其中刀耕火种轮歇地有2 000平方千米左右。

二、民族地区生活方式中的生态实践

生态环境是人类生存的根基,人类依赖自然,更需要适应自然。不同的生态环境赋予了民族地区在聚落营建、饮食文化、服饰文化等方面丰富多彩的生活方式。虽然生活方式的内容和形式,因民族不同而不同,也因民族所处的历史阶段不同而不同,但都直接或间接地展现了民族地区的生态伦理思想和生态智慧。

(一)聚落营建中的生态智慧

中国疆域辽阔,民族众多,历史悠久,各地的地理气候条件和生活生产方式不尽相同。整体上看,各民族在坝区、半山区、高山区等立体地形、立体气候的分布上呈现出较为明显的立体差异,而这种差异直接显现为各民族在居住地选择和建造中的生态智慧。

1. 内蒙古及东北地区

蒙古包是蒙古族牧民居住的一种房子,建造和搬迁都很方便,适于牧业生产和游牧生活。蒙古包古代称作"穹庐"或"毡包",据《黑鞑事略》记载:"穹庐有二样:燕京之制,用柳木为骨,正如南方罘思,可以卷舒,面前开门,上如伞骨,顶开一窍,谓之天窗,皆以毡为衣,马上可载。草地之制,以柳木组定成硬圈,径用毡挞定,不可卷舒,车上载行。"蒙古包呈圆形尖顶，顶上和四周以一至两层厚毡覆盖，主要由架木、苫毡、绳带三大部分组成，制作不用泥水土坯砖瓦，原料非木即毛。蒙古包看起来外形虽小，但包内使用面积却很大，而且室内空气流通，采光条件好，冬暖夏凉，不怕风吹雨打，非常适合于经常转场放牧民族居住和使用。

主要生活在北方地区的赫哲族、鄂伦春族、鄂温克族，渔猎在古代社会生活中占主导地位，其居住文化既适合于渔猎生产的需要，又适应于所居住的地理环境。当修建生活住所时，通常要考虑季节、气候、地理、资源等综合因素，然后确定相对理想的房址。例如，赫哲族住房大多建筑在江、河沿岸的背水向阳的高坡上，便于捕鱼又防止洪水冲淹。鄂伦春族为游猎民族，春季和秋季通常要迁移到靠近河流、阳光充足、有青草的地方，夏季多在地势比较高、林木稀疏但又有高大树木的地方居住，冬季则在避风向阳、靠近水源、周围有树林、草场和好猎场的地方修建住房。赫哲族的固定住房有地窨子、马架子和正房；鄂伦春族传统的建筑形式为"斜仁柱"；鄂温克族最有特色的居所是撮罗子窝棚。这些民族的建筑材料突出自然特色，居所多以树木为主要材质，然后辅以兽皮、树皮、茅草或雪等作为遮盖物。

2. 西北地区

西北地区深居中国西北部内陆，具有面积广大、干旱缺水、荒漠广布、风沙较多、生态脆弱、人口稀少等特点。为了适应这些特点，在民居建筑的整体设计中，大部分传统民居建筑属于土木结构的平顶房。

新疆是典型的温带荒漠性气候，气温变化剧烈，昼夜温差很大，春秋季短、夏冬季长，是我国信奉伊斯兰教的民族最多的地方。所以，这里的建筑必然会受到当地文化的深刻影响，形成鲜明的地方特色和民族特色。由于新疆地域辽阔，南北疆气候存在差异，显现在民居构造上，环境因素被放大了许多。如在阿勒泰、伊犁等富山林地区有木构井干式民居，而在吐鲁番地区则多为土筑土拱式民居，和田等地多为土木混合的"阿以旺"（明亮的处所）式民居。维吾尔族传统民居常就地取材，生土便成为建筑的首选材料。生土为未焙烧的土壤，具有良好的生态性能。首先，生土材料不易生虫蚁，具有吸湿作用，可调节室内湿度，提高居室的舒适度。其次，生土材料热稳定性好，有出色的蓄热与隔热性能。再次，生土材料重复利用率高，经久耐用。生土建筑拆除后能回收再生，亦可作为改善农田土壤的肥料施用。最后，生土材料对环境影响小。维吾尔族人家的院落中还多有绿色植物的点缀，植物对保护建筑物周围的生态环境有着积极有益的作用。在维吾尔族人的观念中，人与自然的血肉关系是最具活力的生态理念，如何蓄水、护水、取水成了维吾尔族民居布局中的重要考虑因素。庭院中没有水，维吾尔族人想方设法开渠挖沟将渠水引入庭院，构成维吾尔族民居中独特的景观文化。居所中用自由灵活的植物纹装饰造型是维吾尔族工匠的专长，常见的题材以水果、花卉、藤蔓等为主，采用变形、抽象、象征的艺术手法构图，来表现宇宙万物的顽强生命，如花中生叶、叶中藏花、花上挂果、果上攀枝、枝上缠花，花果枝叶生生不息，蕴含着维吾尔族人对自然的热爱之情。可以说，居室之静与装饰之动，使维吾尔族民居建筑在鲜明的对比中显出文化生态的平衡之美。

3. 西南地区

从自然生态角度看，西南地区山地分布众多复杂、水域众多、气候炎热潮湿，形成了独特的自然地理环境。这一区域是世界上干栏建筑分布最广泛、体系最完备、形态最多样的地区。在民族构成上以壮侗为民族主体。他们在长期的生产实践中由于地域的特殊性创造和发展了形式多样的干栏建筑体系。"干栏建筑"是为适应炎热地区湿热气候条件和多蛇虫的自然环境产生的一种底层架空、上层住人，以竹、木、草为主要建筑材料的建筑形式。干栏建筑之所以能从古存留至今并继续发展，是因为这种建筑样式含有深刻的生态美学思想。

壮侗民族在长期的生产和生活实践中，不断加深对于自然的认识，利用有利的自然环境和气候条件，发展稻作农业生产，同时选择依山傍水、地势高突的地形立村建寨，营造干栏以定居。干栏建筑在材料上因地制宜，就地取材，因材施用。木材丰富的地方，采用全木结构；木材不足的地方，则采用当地盛产的石料或土坯、夯土砌筑成墙，形成木石或土结构；木材严重短缺的地方，则以石料或土坯、夯土为主，屋顶和楼层仍用木料构成。他们将干栏建于山岭脚下的缓坡或河流台地上，背依山岭、前临江河，这样的基址地质结构稳定、土层深厚，适合建造永久性的建筑，且地势高敞、视野开阔，有利于光照和空气的流通，适合人类居住与生活。干栏建筑的最主要特征就是"架空"，它不仅将住屋隔离了潮湿的土地，而且比起地面建筑，大大减少了对空气流动的阻碍。此外，形态各异的坡屋顶也是干栏建筑适应西南地区多雨气候的一个重要特征。在一些地区，由于干栏式竹楼居室脱离地面，人居其上，还会将畜禽养在其下，体现出人与自然的生态联系和二者的和谐发展。

西藏地处青藏高原地带，生态环境脆弱，但藏族先民在长期的生产、生活实践中积累了丰富的宜居空间营建经验，发挥其聪明智慧在雪域高原营造出独具特色的生态宜居空间。藏族民居建筑的营建很好地顺应了西藏高原复杂的地理气候环境，巧妙地趋利避害，使建筑与周围环境相得益彰，实现了人、建筑与自然的融合和协调发展。藏族民居普遍采用当地天然的石材、泥块、木材、灌木、草料等来建造居所。藏民族的人居智慧和生态居住环境的建设还表现在房屋结构及建造风格等方面。西藏不同地区气候差别极大，因而不同地区房屋的房顶形制和风格也因地制宜，并且要符合节约能源等方面的需求。为了抵御高原冬天寒冷的气候，西藏的民居将建筑的体量缩小并变得紧凑，所有的房间都紧密组合在一起并围绕放置火塘的客厅空间，使热能容易得到保存。为了摄取更多的阳光，藏族先民多将民居建筑基地选择在南坡的地形，并保证与其他住宅之间有足够的距离。院落内普遍采用南低北高的建筑布局，一般凹口朝南，如此则有利于采纳阳光并能避开冬季寒风。总体来说，藏民族对住房的营建其原则就是最大程度地顺应自然地理环境，降低对自然地理环境的破坏，体现了藏民族对大自然的敬畏和尊重，以及对生态环境的保护。

4. 华南地区

黎族是海南岛独有的民族，具有悠久的历史和古老的文化。黎族的村落多散布在盆地、河谷台地和滨海平原上，村落选址的原则具体归纳为"三靠一爽二干净"。"三靠"：一靠近耕地，便于劳作生产，也便于在其周围的小丘陵或山坡种植杂粮；二靠近河川或溪流，便于用水灌溉农田及生活饮用，并且可以捕捞水族类改善生活；三靠近山岭及森林，便于获取日常燃料及建筑用材，还可以狩猎。"一爽"：指地势要高爽，要有一定坡度，不占用耕地。这样可以防湿、防潮，避免房屋遭到破坏和人畜生病；同时，还可利用坡度在雨天将地表的脏杂物冲到村外或洼地田里去，保持村内卫生。"二干净"：指居住的地方一要"干净"，死过人或有不好传说的地方不能建村；二是野兽出没少，避免野猪、猴子等对农作物的破坏。黎族主要有船形茅屋和金字形茅屋两种样式。船形屋是黎族最传统也是最具代表性的住宅。它以木条、竹子、红白藤和茅草为建筑材料，房屋的骨架用竹木构成，十分原始简单，属于传统竹木结构建筑。船形屋有高脚船形屋与低脚船形屋之分，外形像倒扣的船篷，屋架用红、白藤扎紧，上盖茅草或葵叶。船形屋是黎族人民吸收了古代西南各民族的"干栏式"建筑，并结合海南岛特殊的地理环境创造出来的独特的建筑类型。在黎族人家的屋门上，常会悬挂牛头和牛角。他们喜爱牛、崇敬牛，以这种方式表达对牛的怀念和喜爱，同时也象征着主人要像牛一样勤劳与不畏艰辛。

畲族主要分布在浙江南部、福建北部，在江西、广东、安徽等地也有部分散居。他们自称"山哈"，意为山里的客人，显见他们的居住环境与大山有关。历史上，畲族人过着刀耕火种、游移不定的生活，为了适应这种生计方式，他们"结庐山谷，诛茅为瓦，编竹为篱，伐荻为户牖"。即在山谷间搭建简易的山棚，称为"草寮"或"草盾"，用竹木当作支柱与支架，用茅草编制草帘作瓦片，用小竹片、芦苇秆编制篱笆，用荻条编制门窗，一切建材皆取自于大自然。明清之后，畲族人逐步趋向定居农业，也开始建设适宜定居的民居建筑，由茅草屋向土木结构民居过渡。畲族人称呼自己的屋宇为"寮"，根据建筑用材又分为"草寮""木寮""瓦寮"等。他们一般选择离县城不远的大山建房，然后形成村寨，多以山坡、向阳、避风、有水源为佳地。在村寨周边种植松树、枫树、槆树、青栗、苦槠等树，在自己的房前屋后栽种果树或毛竹，这样可以实现畲族人"村口有树能挡风，屋后种树能蓄水"的环境观，既净化了村寨空气，也实践了畲族谚语"造成风水画成龙"的意境。畲族民居，从其营造初始的选址、选材、上梁，到后期的装饰、入宅，都饱含了畲族历史发展中所累积的民族智慧，做到了人与自然的和谐共生。

民族地区在聚落营建中，善于结合当地的气候、地理、干湿状况，因地制宜，就地取材，采用室内外空间相互渗透的方式，创造宜人的居住环境，形成了多样化民居建筑风貌，体现了和谐共生、兼容并包的生态理念。

（二）饮食习俗中的生态智慧

1. 主要燃料

生活在草原上的藏、蒙古、哈萨克、裕固等游牧民族，烧火做饭时大多以牛粪、羊粪为主要燃料，这些燃料具有易燃、耐烧、异味小、灰烬少等特点。生活在农耕区的回、东乡、撒拉、保安等民族，以农作物秸秆为炊事燃料，燃烧后的草木灰是一种养分齐全、绿色环保的农家肥。这些习俗体现了就地取材、循环利用、保护植被等特点。

2. 食物类型

西北民族地区的饮食类型体现了适应不同生态环境和生产方式的特点。藏、蒙古、裕固、哈萨克、柯尔克孜、塔吉克等牧业民族以肉类和各种奶制品为主食，农耕民族则以米和面为主食，以肉类和奶制品为副食。游牧民族的饮食虽然不像农耕民族的饮食那样多种多样，但他们在长期的生活实践中积累了一套善于平衡营养的饮食理念和制作技艺，绿色环保、无污染是游牧民族传统饮食的显著特点。从肉的食用看，在很多环节上都包含着智慧。例如，蒙古族对于在什么时候宰杀何种牲畜并不是随意的，一般来说，冬季宰杀量大，且以大畜为主，把部分畜肉加工成肉干，以备春天牲畜消瘦不能宰杀时食用。夏秋两季以山羊、绵羊肉为主，同时大量食用各种奶制品。游牧民族虽然一年四季都食用奶制品，但其种类因季节变化而有所不同。例如，柯尔克孜族夏秋季食用的奶制品以鲜奶、奶皮子、酸奶酪、奶油为主，冬春季食用的奶制品则以干奶酪、酥油为主，这种顺应季节变化而调整饮食结构的生活方式，既有利于满足人体所需的营养，又充分考虑到牲畜在不同季节的产出能力和牲畜自身的能量需要，包含着谋求可持续发展的生存智慧。在没有条件食用较多蔬菜、瓜果的情况下，为了平衡营养、增强口感，牧民们在奶和肉的制作方面会采取多种多样的方式，制成口味有别、形态各异、营养成分互补的食品，如在奶制品中就有鲜奶、奶皮子、奶油、酸奶、干奶酪、酥油、奶酒、奶茶等多个品种。维吾尔族早期主要从事游牧狩猎经济，形成了以烤肉和奶制品为主的饮食结构，随着生产方式和居住环境的变迁，饮食结构也在不断发生变化，以农为主的生产方式使米和面成为维吾尔族的主食，蔬菜、水果、调料的种植和使用也趋于多样化。在藏族高原地区，草原辽阔、水草肥美，种植业与畜牧业并存，形成了当地独特的饮食习惯。日常以肉食、乳类为主，以青稞、麦子、豆类为辅，其中酥油、茶叶、糌粑、牛羊肉被称为西藏饮食的"四宝"，饮品则有青稞酒和各类奶制品。

西南民族地区的饮食类型和特点是饭稻羹鱼。稻作和渔业，是水族经济生活最主要的特点，在渔猎采集经济时期，水族先民曾经历漫长的"早吃肉，鱼当顿"的生活方式，稻作农业产生之后，"饭稻羹鱼"成为水族社会主流的饮食文化，即使在迁居黔桂边境后，"食之以稻，羹之以鱼"仍是水族社会的生活追求。

3. 饮食禁忌

西北地区有 10 个民族信仰伊斯兰教，形成了独具特色的清真饮食文化。

在饮食方面都有一些规定和标准，信仰伊斯兰教的民族普遍禁止饮酒，禁食猪肉、血液、自死动物和"诵非安拉之名而宰的动物"。除哈萨克、柯尔克孜等民族食用马肉外，其他信仰伊斯兰教的民族则禁食狗、马、骡、驴、猫、虎、豹、熊、狼、狐狸、鼠、貉、蛇、鹰、鹞、鹫、乌鸦等动物。有选择性的饮食观念使得那些珍禽异兽在穆斯林的餐桌和食谱上很难见到，极有利于动物的保护；同时，在清真饮食中禁食的驴、马、骡等属于大型食草动物，意味着这类动物不可能进行大规模养殖，这对于干旱少草的西北地区来说，无疑具有积极的生态保护意义。禁食禁猎食肉类珍禽异兽，客观上能够保持这类动物相对稳定的数量，有利于野生动物保护，起到维持生态平衡的作用。

此外，赫哲族、彝族和景颇族有忌吃狗肉的习俗，藏族老一辈有禁食鱼肉的习俗等。

（三）生育婚恋礼俗中的生态智慧

1. 生育礼俗

传统民族地区多生活于丛山密林中，他们与自然环境之间的联系更加密切，认识更加直观，比如民族地区中流行的"为生儿女种树"仪式，便是这种观念的具体体现。这种礼俗对生态环境的保护和恢复有很大帮助，也对人们形成种树护树、敬树崇树的观念产生了潜移默化的、持久的影响。

贵州黔东南州的侗族、苗族流行着这样的习俗：孩子出生之后，家人就会为他在山坡上栽种100棵杉树，并且对其进行精心的养护管理。18年后，孩子长大成人，杉树也长大成材。到了姑娘该出嫁的时候，家人便上山砍伐这些杉树然后卖掉，给姑娘置办嫁妆。到男儿娶亲的时候，家人便用这些杉木，为他建造吊脚楼。这种杉树，侗族称为"女儿杉"，因杉苗要18年方能成材，所以也叫"十八杉"。侗、苗民谣生动地描绘这种习俗："十八杉、十八杉，姑娘生下就栽它，姑娘长到十八岁，跟随姑娘到婆家"。

苗族有种"增岁树"的习俗：不论谁家生了小孩，都必须种一棵树，以后每增一岁,再种一棵树,到了结婚时,这些树很多已成材,也就成了他们的财富。苗族还有将杉树苗当贺礼的习俗:谁家新添了成员,族人就会将杉树苗当作贺礼,这样的贺礼被称为"祝米",而孩子的父亲会将族人送来的"祝米"郑重收下然后专门开辟一片地来种植这些树苗,精心培植呵护。

土家人若婴儿降生在春季,按照习俗须栽下几株或十多株椿树苗,称为栽"喜树";婴儿若出生在秋季或冬季,主人就得在当年的冬季或翌年的春季补栽喜树。

海南黎族办孩子满月酒时,外婆会精心挑选两株椰树苗作为给孩子的贺礼,寓意孩子像椰树一样茁壮成长,这两株椰树苗被称为"满月椰"。孩子的父亲对这两棵椰树苗细心培植。

布依族对于独子有着特殊的照顾,他们会在家门前专门栽种一丛竹子,并且规定任何人不能对其进行砍伐,让这丛竹子守护着独子健康成长,直到独子长大,若要砍伐此竹,也要在举行仪式后由独子亲自开始砍伐第一棵竹。

2. 倡导节制生育

人口密度与环境资源的平衡是可持续发展的重要因素之一。如果人口众多而资源贫乏,与之关联的是生态环境的破坏和生活质量的低下。历史上许多民族的迁徙便属于"生态迁徙"。特别是作为定居民族,要维系一种固有的文明,就必须在人口与自然之间寻求一种相对稳固的平衡点。这就需要人们从两方面入手:一方面种树护林,珍爱自然,保持或扩大环境容量;另一方面节制人口,减少或不增加所在村寨环境的压力。

瑶族、侗族、傣族等便属于"两手都硬"的民族,既注意保护自然环境,又注意控制人口数量。泸沽湖畔的摩梭人长期处于母系社会,他们认为生男生女都一样,一般只生两个孩子,没有必须生男孩传宗接代的观念,尤以生女孩为荣,避免了为了生男孩而连续多生的现象,故人口增长缓慢。迪庆藏族传统习惯中有老大继承家业的习俗,老大无论是男是女,都必须在家继承家业。这种习俗使人们对生育男婴的刻意追求几近于无,其实际结果能够达到控制人口增长的目的。

3. 婚恋礼俗

在一些民族地区的婚恋礼俗中也会融入生态方面的意识。比如侗族姑娘在选意中人的时候,"造林能手"会更受青睐,因为在他们民族里大片杉林代表着拥有可观的财富,也象征着拥有者的劳动和智慧。贵州布依族寨上谁家的新媳妇第一次在夫家过年节(称"坐家"),夫妻二人要来淘洗水井,修整从村中到井边的小路,并在井旁共同种植一株柏树和一株柳树,象征他俩的爱情似柏树常青,如柳树多情。人们称这两株树为"夫妻树""常青树""金银树""保寨树"等。

(四)丧葬礼俗中的生态智慧

从丧葬的形式看,由于民族和文化不同,历史上各民族有火葬、水葬、悬棺葬、崖葬、岩洞葬、岩石葬、树葬、塔葬、土葬等,而这些葬式的形成和发展演变,又与各民族居群所依赖的生存环境有关。

1. 简朴葬俗

西北地区少数民族的传统丧葬习俗多种多样,同一个民族往往有多种葬俗。信仰藏传佛教的民族,其丧葬习俗比较接近,如藏族有土葬、火葬、塔葬、水葬等不同的丧葬方式。蒙古族有土葬、火葬、野葬等不同的丧葬方式。裕固族有火葬、土葬等不同的丧葬方式。土族有火葬、土葬、水葬等不同的丧葬方式。新疆地区的锡伯族采用传统的土葬方式。信仰伊斯兰教的回、维吾尔、哈萨克、乌孜别克、柯尔克孜、塔吉克、塔塔尔、东乡、保安、撒拉等10个民族普遍采用不用棺木的土葬方式。各民族丧葬方式的形成是自然环境、宗教信仰、生产方式等多种因素相互作用的结果。

在蒙古族传统丧葬文化中有野葬之俗,其主要特点是将死者尸体运送至距离住所较远的草地,不入棺材,也无需挖坑掩埋,而是任其被鸟兽吃掉或逐渐风化。藏族传统的丧葬习俗与蒙古族的野葬有相似之处,即人死后将尸体运送至固定场所，由专人焚香供神并对尸骨进行必要的处理，吸引秃鹫，以吞食净尽尸体为吉。这类丧葬习俗有利于保护草地植被和草原上的树木。

西北地区信仰伊斯兰教的民族均实行土葬，其主要特点：一是葬不用棺。不论生前是何种身份的人，埋葬时均不用棺材。二是崇尚简朴。在埋葬亡人时仅以撒有香料的白布裹身，也没有任何的陪葬品；出殡时不吹打乐器，不扔纸钱。三是强调速葬。伊斯兰教强调"入土为安，不得久停"，一般以当天去世次日安葬为宜，最多不超过三天。王岱舆在《正教真诠·风水章》中说："不用棺椁之理有二：一曰自然，一曰清静。自然者，人之本来乃土也，返本还原，复归于土，谓自然；清静者，人之血肉，葬于大地，遂可化而成土"。这段话不仅解释了穆斯林崇尚土葬的原因，也阐述了土葬习俗之于生态环境保护的意义。

当鄂伦春族人去世后，族人要举行一系列复杂而烦琐的丧葬仪式，某些行为礼仪的背后同样蕴含着极其丰富的天人合一、人与自然和谐共处思想。一是树葬，体现的灵魂升天思想。树葬又称风葬。鄂伦春族人之所以选择树葬，主要是认为人死后灵魂不灭，太阳会把他的魂灵召到天上，以化作天上的星星。受灵魂崇拜的影响，他们葬尸时所选的树，要求必须是活树。若有族人不遵从此葬俗，将被认为会切断死者与家人的联系，其家族也注定要走向衰败。当棺木做好后，他们常以黄纸等为背景，在纸上面画太阳或月亮的图案，然后贴在棺木的头部，以祈盼太阳神或月亮神能助死者顺利抵达。鄂伦春族人之所以选择树葬，主要源于"万物有灵"的原始崇拜思想，认为人死后灵魂可以不灭。在"灵魂转世"观念的影响下，他们最终选择了树葬这种具有特定文化内涵的葬式。二是土葬，体现的天人合一思想。土葬作为鄂伦春族重要的丧葬形式，某些葬式把鄂伦春族人的天人合一的思想理念表现得淋漓尽致。比如，挑选丧葬地点时，他们多选择有山有水的风水宝地，认为"这种地方风水好，树有根，水有源，人有子孙后代，永续不断"。总之，鄂伦春族的丧葬礼仪程序复杂，受万物有灵思想影响，他们的诸多行为无不体现出人与自然和谐共处的思想，以便死者与大自然之间形成一个真正的生命共同体。

2. 墓地植树

在许多民族的观念里，人类是从森林中走来的，森林也是人类最终的归属，死后要埋葬于森林中与先祖们汇合团聚。由于坟山林是祖先灵魂栖居的地方，因而坟山林有着和寨神林、风水林一样神圣不可冒犯的地位，受到严格保护。许多民族地区还有在坟山、墓地植树种竹的习俗。水族有在坟山种植枫树的风俗，他们认为，茂盛葱郁的树木可以使风水更好，人也能得到更好的荫庇。仡佬族在人去世后，要将被称作"风水树"的泡木树、柏树、黄杨树、松树栽种在老人的坟墓前以表纪念。土家族老人去世后，要在坟上种坟竹和"千年树"，这些树木和竹子随着时间的推移会成长繁殖，象征着家族开枝散叶、生生不息。

民族地区在其生存和发展中，不断地加深着对人与自然关系的认识，虽然这种认识还达不到科学的水平，但从朴素直观的功利思想出发，他们的丧葬文化习俗，客观地起到了人与自然和谐相处的限制和规范作用。

（五）服饰习俗中的生态智慧

民族地区在服饰习俗中同样包含着人们适应特定生存环境、生产、生活方式的智慧。各民族在服饰的选材、式样的设计等诸多方面，均不同程度地体现出对生态伦理思想的理解和认识。

1. 服饰和纹样

对于没有文字的苗族来说，大多服饰纹样被称为"穿在身上的史书"，以服饰来展示自己民族的历史、宗教、图腾和信仰。苗族服饰上随处可看到和谐生态的元素。苗族儿童背带、帽子、衣服和鞋大都绣有山花、鸟、龙、蝴蝶、树叶等花纹，寓意是从小要培养孩子热爱生态、热爱野生动物。苗族妇女的服饰、盛装、银饰特别明显，大都会绣有蝴蝶、花草、蜻蜓、青蛙、龙等动植物图案，这种穿在身上的生态文化对宣传保护森林资源、维护生态平衡起到举足轻重的作用。

鄂伦春人在加工制作兽皮服饰时，在保持兽皮表层固有态的基础上，结合当地的自然环境和风土人情，独具匠心地把花、鸟、鱼、虫和小动物等取之自然的诸多图案绣于其上，显示了妇女们丰富的想象力和高超的艺术创造力。比如，为了体现皮袍的外在美，她们时而染色，时而镶薄皮边，但多半是以狍皮的本色为原色，从来不加任何雕饰。比如，她们多在男皮袍的领口、袍边或袖口处，镶上以猞猁皮或狐狸皮染成的黑色的云字花边。姑娘或年轻媳妇穿的皮袍，同样在袍边、前襟、双肩、左右开衩以及袖口处镶边，或绣上精美的花纹图案，诸如"弓箭形""鹿角形"和"云朵卷形"等，穿上后给人以高贵典雅的美感。为突出孩子们天真、活泼的特性，她们在加工制作童装时，有意把皮子的白点保留下来，使皮质的原生态图形与孩子的童真、童趣有机地结合起来。

在彝族服饰上也能体现出彝族先民的自然崇拜意识。彝族服饰上的装饰图案包括动植物以及各种自然现象。日月纹样是彝族常用的服饰图案，倾注着彝族人民对日月极为崇拜的情感；蕨类曾是彝族先民得以饱腹、免除饥饿的植物，因此彝族先民将蕨类植物纹于服饰之上，以示对蕨类植物的感恩与崇拜；马缨花是彝族的族花，被奉为花神，并成为彝族服饰上常用的纹样；牛羊是彝族畜牧业中养殖的重要动物；狼、熊等猛兽的力量让彝族先民感到畏惧，因而对这些动物极其崇拜，并将这些动物作为衣物上的图案纹样；彝族服饰上的火、水等纹样，同样来源于彝族的自然崇拜。这些服饰纹样体现出彝族在艺术文化上的审美倾向，表现出崇尚自然的美学观，是对自然崇拜的实体记载和直接承袭。

2. 原料和样式

古代鄂伦春族制作服饰时着重突出兽皮的自然表征。鄂伦春族以射猎为主业，"食肉寝皮"成了族人生存发展的唯一选择。在兽皮文化一统天下的古代，他们多以兽皮为材质，加工制作各种式样别致、古朴大方的服饰，包括皮袍、皮袄、皮坎肩、皮裤、套裤、皮帽、皮靴、皮手套，等等。由于气候因素的影响，他们冬季多穿绒密毛厚的皮袍，春、秋季则穿绒毛被磨得脱落的旧皮袍或旧皮裤，夏季常穿以红毛狍皮加工制作的皮袍。若遇雨天，还可毛朝外反穿。这种以兽皮为面料加工制作的民族服饰，突出了兽皮的自然表征，体现了鄂伦春人与动物之间相互依存、交融互动的密切关系。此外，他们会使兽皮服饰尽量保持原貌。为突出兽皮服饰的自然本色，鄂伦春妇女缝制兽皮衣时，尽量在保持其"原汁"特色上下功夫。其中，狍皮帽常以整张狍头皮加工制作，因戴上后很像一个狍子头而得名。据说，鄂伦春妇女加工制作时，先把狍子头皮剥下，并使其耳、鼻及眼等原封不动地保留下来。待狍头皮熟好后，再把眼圈的两个窟窿进行专门处理，即用黑、白两色的皮子镶补，接着把原来的狍耳去掉，用狍皮做两只假耳朵缝在上面。"双耳挺然，如人生角"，尤其是狍耳、狍眼和鼻子一如原样，栩栩如生。这种源于自然本色的逼真设计，把鄂伦春族人与动物和谐共处的生态伦理思想毫无遗漏地表现出来。

在西北地区，从事畜牧业生产的民族在服饰上具有许多相似之处，主要表现在以下两个方面。第一，服饰原料充分利用畜牧业产品。以男子服饰为例，藏、蒙、哈萨克、柯尔克孜、塔吉克、裕固等民族男子所穿外套虽然在款式、装饰等方面各有特色，但他们在缝制外套时均以牲畜皮毛做衣料，尤其喜欢质地柔软且保暖的羊皮。除了外套是皮毛制品外，帽子、裤子、鞋也大多由皮毛制成，体现了充分、合理利用畜牧业产品的特点。第二，因地制宜，灵活多变。在西北地区，同一民族的人如果生活环境不同或者生产方式发生了变化，其服饰也会呈现出一定的差异和各自的特点，反映出人们适应环境变化的能力。在青藏高原，牧区藏族和农区藏族的服饰不尽相同，牧区男子穿皮袍，而农区男子则穿一种大领开襟的氆氇长袍。蒙古族牧民冬天必穿皮长袍，夏天多穿着布装，男女长袍下摆均不开衩，而农耕区的蒙古族大多穿戴布料袍子和帽子，靴子多为毡制，长筒皮靴很少见。另外，各民族的服饰随季节变化也有所变化，一般来说，冬春季的衣服较厚，多为皮毛制品；夏秋季的衣服较薄，多为加厚棉布制品。例如，哈萨克族人戴的帽子就分冬春、夏秋两种，冬春季的帽子大多由狐狸皮或羊羔皮制成，左右两边和后面有护扇，具有遮挡风雪和趋避严寒的功效；夏秋季的帽子则为白毡帽，翻边用黑平绒制成，有防雨防晒的功效。藏族男女在穿着外套时常常会露出一个肩膀，这不仅是一种着装风格，而且具有调节冷暖的作用，天气热的时候露出一个肩膀会增强人体的舒适感。

民族地区在长期的生产生活实践中所形成的多种多样的生态文化，其中饱含着崇尚自然，尊重生命，保持生态平衡，维护人与自然的和谐关系，谋求长远发展的生态思想和生态智慧。民族地区传统农业生态文化思想，与现代的生态伦理规范及内涵有着许多相同之处，对于化解人类与生态环境的矛盾，具有普遍意义和当代价值。

三、民族地区生态实践中的文化表现

各民族文化体系中都包含着人们如何看待自然和人类自身、如何处理人与自然关系的种种意识和观念。这些观念是各民族认识、适应、改造环境的物质和精神产物，依存于特定的生产、生活方式，有着丰富多样的表现形式，蕴含着人与自然和谐共生的思想理念，表达了民族地区人民对生产环境以及生存世界的朴素思考。

（一）民族地区民间艺术中的生态文化表现

民族地区农业生态文化在各民族地区文学艺术中有着深刻的烙印，表现在文学、歌曲、舞蹈、美术等各个领域，是民族地区生态智慧的美学呈现，对于民族地区生态智慧的传承发展起到了重要的作用。

1. 民族地区文学

彝族通过古籍、神话、传说等记述农业生态知识和理念，内容涵盖彝族

先民有关农业的起源、农作知识、农作物的产生、农具的产生等方面的农业知识。彝族古戏《撮泰吉》记述了一个完整的古代农业生产的过程，包括祭祀、开荒、烧肥、犁地、撒种、收割、贮藏、庆祝丰收等内容，反映了彝族先民在长期的生产实践中已经掌握各种农作物的生长规律，能够按照其规律来安排农业生产。

2. 民族地区歌曲

源于长期的农业生产实践的壮族农事歌谣，传递着与自然和谐共生的农业知识，演绎着护佑生灵的和谐实践，体现了该族群古朴的生态智慧。蒙古族长调与草原牧民的田园式生活紧密相连，体现的是蒙古族延续至今的生活方式与生态文化。长调多由北方草原游牧民族在畜牧业生产劳动中所创造，取材大都是描写草原、骏马、骆驼、牛羊、蓝天、白云、江河和湖泊，以草原人特有的语言述说着蒙古族对历史文化、人文习俗、生态哲学与环境伦理的感悟。

3. 民族地区民间舞蹈

滇南彝族尼苏支系中盛行的传统舞蹈栽秧鼓舞，是在长期的生产生活中，形成的人与自然互动的美的体验与舞蹈艺术结合形成的产物，是赋形于外的文化艺术综合体，展现了为生产祈福的宗教性、与农作物生长周期相吻合的节律性、农作闲暇时间的娱乐性等深刻的生态内涵。土家族摆手舞有耙田、插秧、扯草、望太阳等动作，柔美、细腻、丰富、形式多样，是土家族生态文化发展历史的艺术呈现。

4. 民族地区美术

侗族的岁时节令艺术，如春节期间的春联、门笺、年画、龙灯等民间美术，取材于生产、饮食、服饰、建筑、绘画、雕塑、信仰、丧葬等方方面面，是其生产生活场景的理想化描述，体现着该民族的人与自然浑然一体的思想主旨和艺术特色。"鸳鸯戏水"是我国贵州一些民族织绣、剪纸的重要题材，他们将鸳鸯以艺术的形式进行赞美、表达理想美好的爱情，同时在生产生活中也从不惊扰它们,而是给它们创造了良好的栖息环境,描绘了人们的生态理想和思想观念。

(二)民族节日和祭祀礼仪中的生态文化表现

民族的节日丰富多彩,涵盖了原始信仰、祭祀文化、天文历法、易理术数等人文与自然文化内容,不仅清晰地记录着各民族先民丰富而多彩的社会生活文化内容,也积淀着深邃丰厚的生态文化内涵。

1. 民族地区的传统节日

民族地区的传统节日是其生态文化的重要传承形式。我国西南民族地区的"二月二"节俗,在传递农耕周期转变信息的同时,还为该民族农耕技术、农事知识的普及与传播,提供了特定的仪式性场合,在信仰层面进一步强化并激发了民众的生态保护意识及环境伦理思想,使民众在对美好幸福生活的期盼中顺利进入新一轮的农事劳作。哈尼族的祭寨神、开秧门、六月节、新米节、十月年等节日都具有农耕分时的特点,他们按照自然规律和自身的生产习惯,将本民族的农事生活安排得有条不紊,并代代传承下来。

2. 民族地区的祭祀礼仪

民族地区的祭祀仪式象征着人地关系协调的方式。祭祀仪式的每一个环节都有着独特的记忆,定期举行仪式使得民族地区对于生态保护行为形成了圣洁的崇敬之情。这些仪式尤其是通过约束群众的生产行为方式,对民族地区的生态环境保护起着重要作用。例如,恶劣的生产环境使得土家族敬畏天象自然,低下的社会生产力也使其将农业丰收的希望寄托于农业的创始人和祖先神。为了缓解自身对现实的无力感,土家族农业生产过程中的神灵祭祀活动十分普遍,往往会借助种种神秘的力量来庇佑自己,保证生产的顺利进行。又如,谷魂是佤族农耕祭祀的核心和主题。受万物有灵思想的影响,佤族人认为,稻谷和自然万物一样也有自己的灵魂。每一粒谷种从播种、发芽、长叶、抽穗、扬花、结籽到收割,均受着木依吉神、谷神、山神、地神、树神等各路诸神的潜在支配。谷魂经常游离于稻作间，就会影响稻谷的收成；谷魂一旦逃离了，稻谷就会颗粒无收，人们的生存就会受到威胁。谷魂和神灵才是决定稻谷生长的核心要素，只有通过祭祀才能使谷魂发挥神力，创造丰收，解决粮食不足的问题。

第五章

民族地区传统农业文化遗产经典案例与生态机理

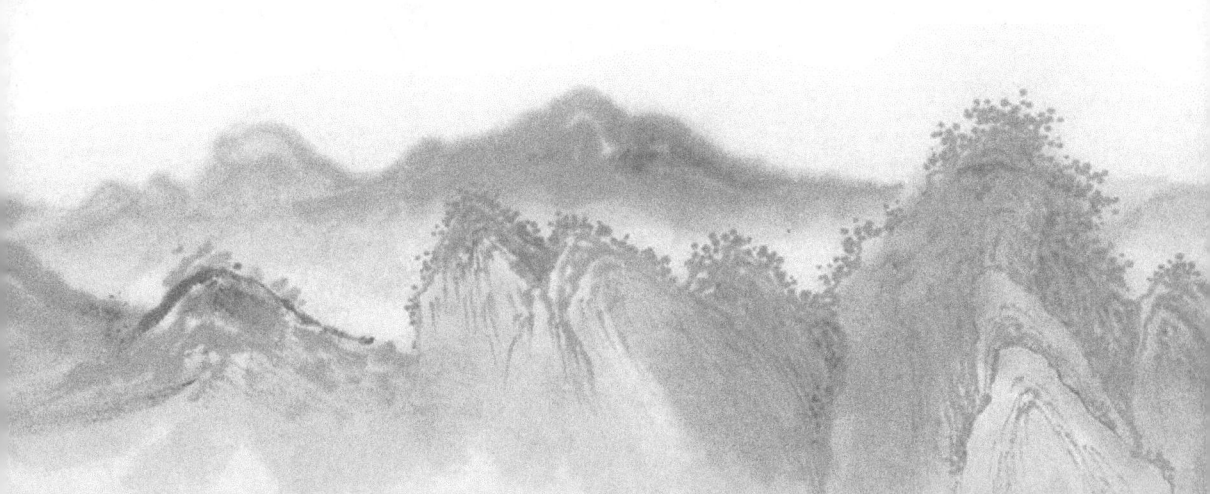

第五章 | 民族地区传统农业文化遗产经典案例与生态机理

中国自古以农立国，各民族在长期互动交流中共同创造发展出了丰富的农业文化体系、知识体系和技术体系，其中蕴含的传统农业的生态智慧和经验，对解决现代农业发展过程中面临的问题有着重要的借鉴意义。在意识到现代技术带来的生态环境问题，以及传统农业在维持生计、保护当地农业生物多样性、脆弱自然景观、传统知识等方面具有重要作用的背景下，中国积极响应全球重要农业文化遗产保护工作，推进中国重要农业文化遗产的保护和传承。

一、民族地区传统农业文化遗产现状

目前，中国已经公布了六批，合计138项重要农业文化遗产名录*。在每一批中国重要农业文化遗产名录中，民族地区农业文化遗产都有一定的占比。民族地区农业文化遗产具有分布广泛、类型多样、内涵丰富等特点，不仅能够鲜明地体现少数民族传统农业的生态智慧，也把握着推动农业绿色发展的关键技术。而且受历史和地理因素的影响，传统农业往往在少数民族地区保持着更多的活态留存。

本章从这六批中国重要农业文化遗产中甄选出20个少数民族传统农业的实践案例**，并按照其核心技术模式划分为五个系统。这五个系统所涉及的遗产地横跨东西，纵贯南北，各遗产地都有其主体少数民族（表5-1，图5-1）。

表5-1 民族地区农业文化遗产与中国重要农业文化遗产的数据对比　　（单位：项）

批次	第一批	第二批	第三批	第四批	第五批	第六批	合计
民族地区农业文化遗产	9	8	9	7	7	8	48
中国重要农业文化遗产	19	20	23	29	27	20	138

*　数据表示时间为2022年。
**　本章在编写过程中利用参考了各遗产地相关材料，其中部分资料无法详知其来源、出处及作者，因此在本书中无法逐一单独标注，谨于此处统一说明，并向相关作者表示诚挚的歉意与衷心的感谢。

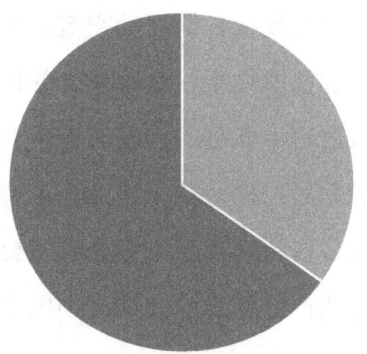

■ 民族地区农业文化遗产　　■ 其他重要农业文化遗产

图 5-1　六批中国重要农业文化遗产中民族地区农业文化遗产的占比（单位：项）

壮族、苗族、瑶族、侗族、哈尼族等民族，在南方山多地少的条件下，发展出了梯田自流灌溉技术、水土资源利用及保持技术和多样化的稻—鱼—鸭复合种养技术；甘肃甘南地区的藏族，湖南龙山地区的土家族、苗族以及云南漾濞的彝族虽地域有别，但总结出的农林、农林牧相互依存、优势互补的复合生产技术却有异曲同工之处；生活在新疆的维吾尔族、锡伯族摸索出了能够较好解决旱地灌溉问题的坎儿井灌溉技术和大渠灌溉技术；云南剑川的白族运用稻麦轮换种植的水旱轮作技术以改良土壤，减少病虫草害；西藏乃东区的藏族在种植青稞的过程中，逐渐形成了以轮作、休闲为主的高原农业耕作及养地技术；活跃在云南澜沧江中下游的世居少数民族，傣族、哈尼族、布朗族、基诺族、佤族、拉祜族等探索出了茶叶种植与粮食种植业、林业、牧业复合发展，与果、蔬、菌、药等经济作物以及绿肥间作的技术；逐水草而居，顺天时而动的蒙古族、藏族，根据内蒙古草原、当雄高寒草原以及四川扎溪卡草原的实际情况，发展出了分群牧放、四季转场与畜群整顿技术以实现草场的可持续利用；黑龙江抚远的赫哲族长期传承下来的伏季休渔制度，能够有效节约和保护水生生物资源，促进水生生态系统的修复。

在"人与自然和谐共生"的生态观念指引下，这些少数民族在长期生产生活中，与当地的汉族以及其他兄弟民族一起，不仅形成了一系列独特的自然资源保护制度和生态智慧，还共同探索出了适宜当地条件的农业技术和生产模式。总结和汲取上述民族地区传统农业生态实践中的思想精髓和技术精华，正是民族地区传统农业文化推动农业绿色发展的当代价值所在。

二、民族地区传统农业生态系统类型

根据民族地区传统农业生态系统的主要技术模式以及关键要素，将以下20个经典案例分为五大类生态系统：一是以梯田形态为主的土地生态系统，二是以间作、轮作等不同种植方式为主的种植生态系统，三是以草场、渔场为基本生产资料的畜牧、渔业生态系统，四是立体循环、种养结合的复合生态系统，五是以坎儿井和大渠灌溉技术为主的水利灌溉生态系统。

（一）土地生态系统

1. 云南红河哈尼稻作梯田系统——"林—寨—田—河"的资源综合利用技术

云南红河哈尼稻作梯田系统主要分布在云南省红河哈尼族彝族自治州红河南岸——红河、元阳、绿春和金平四县中的12个典型乡镇。云南红河哈尼稻作梯田系统是以哈尼族为主体，多个少数民族共同开发创立的稻作梯田系统。据《山海经·海内经》这一最早记载梯田的文献可知，哈尼先民很早就在四川的西昌、越西等地耕种稻田，《蛮书·云南管内物产》《农政全书》（卷五）《田制·农桑决田制篇》《农书》以及《监安府志·土司志》也曾描绘梯田耕作情景。据哈尼族史诗《哈尼阿培聪坡坡》记载，1 300多年前，哈尼先民从青藏高原一路南迁，最终在红河南岸的哀牢山定居，将平原、坝区的稻作文明移置到高山上。

哈尼族将森林划分为寨（勐）神林区、公墓坟山林区、村寨防风防火林区、传统经济植物林区、传统用材林区和边境防火林区这六大功能林区进行保护和利用；村寨一般建在温度湿度适中、气候温和的半山腰，当新开挖的梯田与村寨之间的路程超过一天时，哈尼族就会分寨；在森林下方，村寨两侧及其寨脚的缓坡、山梁开垦梯田，用"流水开沟"和架竹槽渡水方式接住高山森林中的流水和山里渗出的泉水用来灌溉梯田，在空间上形成了林—寨—田—河垂直分布的生态景观特征。"林—寨—田—河"的资源综合利用技术具有保持水土、控制水土流失、保障村寨安全、维持系统稳定和进行系统自净等功能；同时，村在上、田在下，下坡就可耕田，有利于缩短劳动半径；生活区与耕作区有沟渠相连且有高度差，便于借山水将畜粪和腐殖土冲沟入田，化作田肥；充分利用山区立体气候上凉下热的特点，有利于缩短水稻成熟期。

2. 湖南新化紫鹊界梯田——梯田自流灌溉与水土保持技术

新化县位于湖南省中部的娄底市，紫鹊界梯田属于南方中低山丘陵稻作梯田区，核心区为水车、奉家和文田三镇。新化县以汉族为主，但历史上曾经是一个瑶族、苗族、侗族、汉族多民族融合的地区，目前仍然保留了少数民族的民风习俗，紫鹊界梯田是南方稻作文化与苗瑶山地渔猎文化融合的历史文化遗存。宋朝开始已有关于梯田开垦的文字记载，在一千多年的历史发展中，紫鹊界梯田利用天然山泉实现了有效的自流灌溉，并形成了森林、民居、梯田、水系交错的立体景观，呈现出规模庞大，数量众多、坡度陡峭、田块小巧、形态优美的特点。

紫鹊界梯田高效的水土资源管理系统包括其中的梯田的自流灌溉系统以及蓄水保水、护林管水系统，以实现梯田的自流灌溉和水土保持。

紫鹊界梯田的土壤属于砂壤土，梯田修筑较为困难。于是当地人采用旱地—台地—水田这样循序渐进的修建方法逐渐改造出水稻梯田。这样的梯田经历反复翻挖、施肥耕作和逐年熟化后，质量更有保障，且肥力稳定，田埂坚固耐用不渗透。而依托于梯田的灌溉工程体系由三大部分组成：蓄水工程、灌排渠系、控制设施。紫鹊界先民根据梯田供水需要，依托当地山间溪流修建不同海拔高度的小型堰坝，拦水、溢洪、排沙、引水功能齐全。小溪流水经输水渠送到梯田区,由于灌溉单元都不大,输水渠道的长度、断面和流量都很小,当地管这些渠叫毛圳。这种田间毛圳一般不串田而过,而是沿着田块内侧或外侧,用矮埂将渠和田隔开。梯田内部的灌溉则是串灌串排,即以狭小田块作为邻近田块间的输水通道,实施借田输水。为防止冲刷田埂造成崩塌,从高一级梯田流入低一级梯田时,用竹子通穿挑流作枧(小渡槽),使水送到离田埂脚较远的位置。此外,为了保护田块蓄水功能,梯田冬天也蓄水保水,防止土层干裂。紫鹊界梯田区农民世世代代自觉遵守一些有关梯田的用水管理分配和工程维护的乡规民约,例如高水高灌,低水低灌,较高一级渠道的水灌较高的梯田;每条渠道所灌梯田的数量、位置都有规定,通过刻木分水等简易控制设施,实现有效的用水管理。

紫鹊界梯田灌溉技术和水土保持技术从水源、蓄水、保水、输水、灌溉各个方面创造性地采用了多种技艺,以简易的工程设施实现了有效的自流灌溉和水土资源的有效管理。当地居民运用梯田自流灌溉技术和世代沿袭下来的一套科学管水办法,有效地涵养了水源、调节了气候,控制了水土流失与干旱灾害,是千百年来中国南方地区人与自然和谐共生、实现农业可持续发展与水资源可持续利用的典范。

3. 广西龙胜龙脊梯田农业系统——"上林下田、动态平衡"的水土保持技术

龙脊梯田农业系统位于广西壮族自治区龙胜各族自治县龙脊镇龙脊山脉。龙脊梯田是壮族和瑶族先民发挥聪明才智,利用自然、将"天人合一"的中国传统哲学理念应用于山地的珍贵遗产。秦汉时期,梯田耕作方式在龙胜已经形成。唐宋时期龙胜梯田得到大规模开发,明清时期基本达到现有规模,距今至少有2 300多年的历史。龙脊梯田农业系统架构起了一种"上林下田、动态平衡"的梯田水源涵养和水土保持模式。这在当地被概括为"山顶戴帽子,山腰围带子,山脚穿裙子"的布局。即山顶为森林,在山腰建寨,在寨边及寨脚造田。梯田两岸植被保护良好,随山势海拔变化形成的立体气候下,

分布着不同的乔、灌、草森林植被类型,且一年四季常青,形成了梯田区被森林区包围的一个人工生态系统。

"上林下田、动态平衡"的水土保持技术充分发挥了森林生态系统与梯田人工湿地系统的优越性。村后头的森林有利于水源涵养,使山泉、溪涧常年有水,人畜用水和梯田灌溉都有保障,同时山林中的动植物又可为人们提供肉食和蔬菜;村寨周围开垦层层梯田,既便于引水灌溉,满足水稻生长,又利于从村里运送人畜粪便施于田间。通过"山顶戴帽子,山腰围带子,山脚穿裙子"的布局优化,龙胜人民克服了山多地少的困难,主动适应生态环境,探索出天人合一、人与自然和谐相处的模式。

(二) 种植生态系统

1. 云南剑川稻麦复种系统——水旱轮作技术

云南剑川稻麦复种系统涵盖剑川县 7 万亩水稻面积。据考古发现及文献记载可知,剑川稻麦复种系统已具有 3 000 多年的开垦、耕作和发展历史,并至今持续沿用和发展。剑川的白族在境内雨热同季、干凉同时的低纬高海拔独特条件下,发展出了以稻麦轮换种植的水旱轮作技术为核心的农耕生态系统。剑川每年 5—6 月栽种水稻,10—11 月水稻收获后翻耕播种大麦或者小麦,越冬至翌年 5—6 月收获,麦茬翻耕灌溉后再种水稻,一年两熟。云南剑川稻麦复种系统蕴含着天人合一的哲学思想,体现着白族儿女的生命力和创造力。

剑川每年 11 月至翌年 4 月为干季,降水少而气温高。干季时期,水田得不到充足的水分,从而影响农作物产量。水旱轮作是增加土壤复种指数,提高作物产量的有效方法之一。剑川白族顺应当地气候特点进行水旱轮作,整合干湿季的水分,将湿季的水分储存至干季使用,从而改变原来的土壤特性,提高通透性,促进土壤养分循环和土壤结构改善,降低病虫草害侵袭的概率,提升农作物的生长品质,提高当地农业复种指数和作物产量。

2.西藏乃东青稞种植系统——以轮作、休闲为主的高原农业耕作及养地技术

西藏乃东青稞种植系统位于西藏自治区山南市乃东区，有藏族、汉族、门巴族、珞巴族、回族等25个民族，其中藏族人口占88.44%。该区域为传统青稞种植区域，也是青藏高原传统青稞种植文化发源地，较多保留了传统青稞种植的品种与相关的历史遗迹和非物质文化遗产，为西藏自治区农业开发较早的地区，素有"西藏粮仓"之美称。通过考古学和植物遗传学分析发现，山南乃东极有可能是世界大麦种的起源地之一，拥有至少3 500年的历史。乃东区的藏族在高原温带半干旱季风气候下，在种植青稞的过程中，逐渐形成了以轮作、休闲养地技术为核心的高原农耕生态系统。他们采用轮作与休闲和培肥保水的耕作技术来保证青稞种植水分、肥料与土壤达到良好的条件和状态。一般有两年、三年、四年、五年一轮作的不同作物轮作布局，进行青稞、麦类和豆类的轮换种植。乃东农户还会根据土地的不同肥力状况，进行土地休闲，以此来养地，培肥蓄水。具体轮作方式如下。

两年一轮：青稞—冬小麦；油菜（与蚕豆、豌豆混播）—青稞（冬小麦）

三年一轮：青稞—油菜、豌豆—小麦；青稞—青稞—混播

四年一轮：青稞（与蚕豆、豌豆混播）—青稞—青稞—冬小麦

五年一轮：青稞（与蚕豆、豌豆混播）—青稞—青稞—冬小麦—冬小麦；混播—冬小麦—冬小麦—青稞—青稞

高原土壤养地技术主要是通过分类养地的方式进行土壤水分保持。乃东区海拔较低的河谷地带，有一定面积的保灌地，这类耕地水源充足，可根据需要进行灌溉。当地藏民根据降水特点和作物品种特点，苗期采用"头水晚，化水赶"，此后到抽穗前视土壤水分情况进行灌水，抽穗后为了保持土壤水分充足而采用"大雨停灌，小雨继续灌"的做法。乃东的旱地位于江河水灌不到、山沟里的冰雪融水和泉水因水量限制也灌不到的地方，这些地方土壤质地较好，保水性能好。藏民对这些耕地长期采用在雨季后开始引径流灌溉，

调节土壤水分平衡的做法,"秋雨春用"。在秋收后及时进行耕耙保墒,冬末春初进入保浆期时,也进行耙耱保墒,并根据土壤水分状况适时播种。部分耕地在山麓缓坡和坡底,雨季中接受径流的可能性较小,主要靠降水蓄积保墒,耕作保墒。若年份少雨,翌年无法耕种,则休闲蓄积雨水,待下一年再种植作物。

作物生产要求农田土壤具有足够而又不过多的水分,即要求土壤水分保持动态平衡。乃东通过养地技术调节土壤水分,保灌地根据雨量和作物情况进行具体灌溉调节;将降水蓄存于易旱农田的土壤,防止和减少地表径流,并尽量抑制地面蒸发;并且根据当地夏秋季多雨,早春干旱的特点,在秋收后及时进行耕耙,促进耕层蓄水保墒,在必要的时候休耕养地,蓄雨抗旱,实现降水的有效利用和耕地的可持续发展。

3. 湖北恩施玉露茶文化系统——"茶—农""茶—果""茶—林"间作技术

湖北恩施玉露茶文化系统位于云贵高原东延部分的武陵山区。恩施为巴楚文化融合的少数民族聚居区,土家族、苗族、侗族等少数民族人口占总人口的38.49%。恩施关于茶叶的记载可上溯到西周时期,数千年以来,恩施一直保持着种茶、制茶和饮茶的习俗。恩施玉露源于唐、创于清,其传统的杀青和烘焙工艺一直延续陆羽《茶经·三茶之造》所载"蒸之""焙之"工艺进行制作,但改团、饼茶为散茶。清康熙十八年(公元1679年)蓝姓茶商在恩施芭蕉黄连溪创制恩施"玉绿",其成品茶叶色绿紧直如针,毫白如玉,即恩施玉露传统制作技艺。恩施土家族茶园多建立在林间坡地和沟底溪旁,林中有茶、茶中有林,形成"园外造林、山顶戴帽、山腰扎带、山脚穿鞋、山脊背梳辫"的基本布局。此外,恩施在长期发展过程中还形成了茶—农(蔬、粮等)、茶—果、茶—林等多样化的茶园形态。茶农间作模式茶园生态系统中,一般选择花生、大豆等豆科作物或蔬菜等作为间作物。恩施常见的果茶生态系统包括"柑橘+茶树"系统、"柚+茶树"系统、"桃树+茶树"系统、"李树+茶树"系统、"梨树+茶树"系统等。恩施林茶间作模式生态系统的栽培方式有两种：一是茶与经济林木，间作树种为桂花、樟树、银杏等，一般行距 10～12 米，株距 6 米，每亩种 10～12 株。系统内生物多样性十分复杂，林木昆虫、茶园昆虫混处，构成了相当复杂的群落结构。二是嵌合式，即茶园周围被林木包围，林茶嵌合小块茶园形成生态系统。

"茶—农""茶—果""茶—林"间作所形成的农业生态系统具有很高的抗逆性，丰富的生物多样性以及系统稳定性。在病虫害防控及肥料的施用上，茶园生态系统的相对稳定性和区域多样性，为茶园病虫害的防控和茶叶品质的保证提供了有利条件。一是在相对稳定的生物圈内，茶叶、茶园害虫与害虫天敌基本达到食物链的平衡，不易爆发虫害；二是差异较大的茶园环境条件，使病虫害被控制在一定区域，不会暴发大面积病虫害；三是树木落叶、杂草、动物粪便等连续不断地为茶园提供有机养分，使茶园有机质不断得到补充，可减少其他肥料的施用量。

4. 云南普洱古茶园与茶文化系统——"林—茶—草""林—茶—果蔬"复合种植技术

普洱位于云南省西南部，以普洱市为中心的澜沧江中下游世居少数民族，傣族、哈尼族、布朗族、基诺族、佤族、拉祜族等具有悠久的种茶、制茶历史。据史学家考证，普洱（古称普洱府）在东汉时期已有人工栽培茶树，距今有 1 800 多年。天然林下种植茶树这一种植模式，是当地民族在逐渐摸索茶树生长习性的基础上对森林生态环境的模拟和利用，是一种特殊而古老的茶叶栽培方式。人们在研究传统茶园的生态系统结构后发现了这一生态系统的科学价值，并仿照传统森林茶园的生态系统结构对现代茶园进行改造，构建现代生态茶园。目前，普洱市生态茶园的建设按照以茶为主，立体种植，多物种组合的形式，以"林—茶—草"的主体种植模式进行改造。在茶园内纵横交错种植高大乔木为茶树遮阴，树种可选用香樟、松、杉、千丈、岩桂及水果等，以每亩配置 6 个树种以上、栽种 8 棵的标准进行配置；茶树下种牧草或其他作物。在茶树的栽培中，一些少数民族还在茶园中有意识地栽种树木、花果或蔬菜，形成"林—茶—果蔬"的生产模式。如布朗族以栽培和野生栽培普洱茶为主，在森林茶园保留了大量野生水果和木本蔬菜；普洱市各民族创立了多种大叶种茶与云南樟、大叶种茶与旱冬瓜间种系统。

在"林—茶—草""林—茶—果蔬"生态系统中，上层乔木和茶树本身的枯枝落叶为茶园和牧草提供了丰富的肥料，而茶树与其他树种、果蔬、牧草等混合间种，形成一个物种丰富，稳定性强的生态系统，不仅保护了水土和生态环境，还能有效防治病虫草害，提升茶叶口感和品质。

5. 云南双江勐库古茶园与茶文化系统——"林—茶—绿肥"间作技术

云南双江勐库古茶园与茶文化系统位于云南省西南部临沧市双江拉祜族佤族布朗族傣族自治县。双江是我国唯一一个四个少数民族共同自治的自治县，在这里，拉祜族、佤族、布朗族、傣族、汉族等民族世代与茶共生。双江自治县栽培茶的历史悠久。据布朗族史诗《闷奔》和各种传说，布朗族先人有可能在中国进入封建社会以前，就发现了茶树并开始加以利用。布朗族的先民是古代的"濮"人。汉晋时期，"濮"人分布在今云南省境内澜沧江两岸及其以西的广大地区。据史书记载，3 000多年前的古代濮人就懂得种茶、制茶和用茶，为茶的发现和利用作出了重大贡献。双江有据可考的茶树栽培可以追溯到明成化二十年（公元1484年）。双江勐库古茶园与茶文化系统在古茶园中实现复合种植养殖。在乔木型茶树下栽培多种经济林果（如核桃、咖啡、坚果等）及多种粮食、油料农作物和养殖牲畜，使各种生物之间相互作用，形成接近自然的生态系统。采用高大乔木—茶树—绿肥立体复合的模式建设生态茶园，新建茶园或老茶园改造时，进行茶、林、路、水、牧统一布置。在保留原有树种和生物群体的基础上，因地制宜地在茶园及周边种植一些有益树种，如桤木、香樟树和杉树等，同时在园区内的适当位置建立5~8米的防护林隔离带。

这些技术对改善茶园小气候环境、调节温度、提高湿度、保水保肥、生物防控等方面有明显的作用。在肥料施用方面，于茶园内，尤其幼龄茶园行间种植绿肥或铺盖草料，茶园的杂草割下来晒干后可埋入茶园土壤里，沤制天然肥料，牲畜的粪便也可作为有机肥料，促进土壤理化性状改良，提高土壤有机质含量和保肥、保水的能力，改善生态环境，从而加速了茶园土壤系统内的生物循环，保证根系对矿质元素的吸收，优化和提高了茶叶自然品质。在病虫害防治方面，"茶—农—畜"复合种养技术及"林—茶—绿肥"间作技术充分利用了农业生物多样性，通过生物间的相互作用降低病虫害发生的概率。同时茶园生态系统通过园内植物的光合与呼吸作用与大气交换二氧化碳，释放氧气，对维持大气中二氧化碳与氧气的动态平衡、减缓温室效应起着不可替代的作用。

（三）畜牧、渔业生态系统

1. 内蒙古东乌珠穆沁旗游牧生产系统——分群牧放、四季转场与畜群整顿技术

东乌珠穆沁旗位于内蒙古自治区锡林郭勒盟的东北部，是一个以蒙古族为主体的多民族聚居的边境牧业旗，至少在一万年以前这里就有人类生存。在由农业转向畜牧业的夏商时期，这里的先民们曾进行过农耕和采集的生活，并逐步从事狩猎和最原始的游牧生产活动。东乌珠穆沁旗的牧民因循蒙古族千百年来的传统，以绵羊、山羊、牛、马、骆驼等五畜相互依存关系为基础同时饲养多种家畜，从而保留了蒙古族草原畜牧业中独一无二的类型。牛、马、绵羊、山羊、骆驼在游牧生产中能够很好地互补依存，山羊能为绵羊带路，骆驼能为羊群避风，五畜对草种的需求各不相同，有的喜食高草，有的喜食矮草，从而在放牧时不会出现争夺资源的问题，还能将草原的价值发挥到最大，并因为多数草被啃食而促进草原的再生长。牧民们通过保障大小畜平衡状态下的草畜平衡从而有效保护草原生态。

此外，牧民根据牲畜不同季节的需求，按季节在乌珠穆沁草原划分春夏秋冬不同的营地，随着季节的转换而不停地迁徙，在同一季节的牧场上，也

需要频繁地进行短距离的移动，不同营地有不同的放牧方式，以实现可持续发展。

整顿畜群主要指东乌珠穆沁旗牧民利用秋季出售和冬季屠宰肉用畜的时机，对早已留意的病残牲畜、几年空怀的母畜、喂不饱仔畜、遗弃仔畜或对仔畜粗暴的母畜、不合格的种畜、杂乱毛色的牲畜以及其他商品畜采取出售、处理、屠宰肉用等方法，调整自己草场的载畜量，留下母畜和种畜、骑乘马匹、牛和有特殊记号的牲畜，这样整顿畜群有利于提高五畜的质量、促进地方畜种达标、调整牲畜与草场载畜量、防止草场沙化退化及为战胜有可能发生的重大灾害做好准备。

2. 阿鲁科尔沁草原游牧系统——四季转场技术

阿鲁科尔沁草原游牧系统的范围包括内蒙古自治区中部的阿鲁科尔沁旗全境。阿鲁科尔沁文字记载和文物佐证的游牧历史有 5 000 多年。早在新石器时期，人类就在这里从事狩猎和游牧生产活动，先后属东胡、匈奴、乌桓、鲜卑游牧狩猎地。后历经辽、金、元至明、清皆为游牧民族栖息地。明嘉靖二十五年（公元1546年），蒙古族一部迁徙游牧于此，始名阿鲁科尔沁部。牧民在游牧时考虑了季节变化与移动的方向、畜群数量与草场承载力、牲畜的种类与牧草、畜群的大小与水草等诸多关系，并根据一年四季气候变化，把草牧场分为春营地、夏营地、秋营地和冬营地，不同营地有不同的放牧方式，实现不同季节草原科学分配。游牧地区地广人稀，草原广阔，地上有丰富的腐殖质，春季牧草返青较早，特别适于青草季节放牧。但北部冬季风大雪多极度寒冷，家畜生存极其困难，所以牧民在寒冷到来前，已经把营养价值高的牧草利用完返回到南部越冬。南部草场由于牧草生长季节得到休养生息，绝大多数成为打草场，收获足够多的越冬牧草，确保冬季生产安全。

3. 西藏当雄高寒游牧系统——分群牧放与四季转场技术

"当雄"，藏语意为"挑选的草场"，是西藏自治区拉萨市唯一的纯牧业大县，位于西藏自治区中部。根据考古和文献挖掘可以得知，西藏当雄高寒游牧系统的历史至少可以追溯到新石器时代晚期的加日塘文化时期，这一流传千古的藏族游牧技术从此支撑着当雄人民千百年来的生存与繁衍，至今仍是当地藏民根本性的生计来源。在长期生产实践中，当雄的牧民根据饲养的牲畜大小规模和草场牧场长势情况，牲畜吃草的生长习惯，顺应动物的采食特质，了解和掌握草原与畜群的互动规律，总结出分群牧放与四季转场技术。

分群牧放即根据海拔4 000米以上植被的不同来放养不同的牲畜品种。在当雄，高原牦牛与绵羊、马不同，它生活在高山高寒地带，不管是冬春还是夏秋都可以前往绵羊和马无法前往和啃食的高原牧场进食，牦牛的生活习性可以与绵羊、马相互补充，使得在合理利用生态资源的同时，脆弱的高原环境也得到了保护。

四季转场即在一个自然年，将牧场划分为夏秋和冬春两个场，轮换着放牧，即所谓"冬不吃夏草，夏不吃冬草""晴无风放河滩，天冷风大放山弯"。牧民的游牧生产生活因时而动，随水草迁徙，让各个草场、湿地或河流的生态植被得到及时的休养生息，从而保持各个区域的水土环境不被过度放牧或生活污染而破坏。

4. 四川石渠扎溪卡游牧系统——分群牧放与"四季轮牧"技术

石渠高原游牧系统位于四川省甘孜州石渠县，藏族人口占全县总人口的98.04%。石渠游牧民在生产实践中总结出了分群牧放与"四季轮牧"的技术经验。

分群牧放即石渠游牧民为了放牧管理和合理利用草场，大多根据公母、年幼、生理状况进行牦牛和藏系绵羊"分区""分群"与"分类"，避免混群放牧。这样使牛、羊群相对安静，采食及营养状况相对均匀，减少放牧的困难。牛、马多牧放于平地，绵羊放于斜坡或山冈，羊有专人看管，以防野兽侵害。

"四季轮牧"即在一个季节放牧场内，如何保证轻度放牧、如何轮牧。放牧因牦牛群类型和季节不同而有区别，"夏秋季早出晚归，冬春季迟出早归"，以利于采食、抓膘和提供产品。依据石渠扎溪卡大草原的气候划分为夏秋（暖季）和冬春（冷季）牧场。不同地区根据不同的物候条件，形成了草场放牧的季节适宜性的不同取向，"春季牧场在山腰，夏季牧场在平坡，秋季牧场在山顶，冬季牧场在阳坡"。当定居点距牧场 2 千米以上时就搬迁，3~5 天更换一次牧地。冬春季牧场上牧地的搬迁，其间隔时间可延长一些，一般在一个冬春冷季里，可以搬迁 2 次。夏秋季放牧根据安排的牧场或轮牧计划及时更换牧场和搬迁，使牛粪均匀地散布在牧场上，同时减轻对牧场特别是圈地周围牧场的践踏。这样可改善植被状态，有利于提高牧草产量，减少寄生虫病的感染。而牧地的定距搬迁和更换可以减少每天出牧、归牧赶路的时间及牦牛体力的消耗，同时也有利于避免草场过载，促进草场的恢复和可持续发展。

夏秋牧场选在远离定居点，海拔较高，通风凉爽，有充足水源的阴坡山顶地带；冬春牧场则选在定居点附近海拔较低、交通方便、能够躲避风雪的阳坡低地。一般来说，夏季游牧利用水源条件好的放牧场即沿河、湖岸边放牧，而冬季利用无水（指夏季无水）边远放牧场（雪是冬季的水源）远距离游牧。

5. 黑龙江抚远赫哲族鱼文化系统——伏季休渔制度

抚远市位于黑龙江东部三江平原地区。抚远乌苏镇赫哲族村位于乌苏镇政府所在地，总人口 530 人，赫哲族 49 户，人口 155 人。赫哲族村居民主业以打鱼为主，副业是开办家庭旅馆、鱼馆，全村人口 70% 以上都从事捕鱼行业。赫哲族的传统渔业生产主要集中在春季鱼汛期、秋季鱼汛期和冬季捕鱼期。第一个鱼汛期在春季，从开江的"谷雨"持续到"小满"时节；第二个鱼汛期在秋季，从"白露"开始；第三个捕鱼期在冬季。夏季是鱼类繁殖期，为保护渔业资源，日后能多捕鱼，赫哲族多在此季节休伏，重点开展修补网、船等捕鱼工具的活动。这种分季节、按鱼类生活习性捕捞的方式，不仅保证赫哲人的日常所需，也确保了鱼类的繁衍生息。伏季休渔保护了主要经济鱼类的亲体和幼鱼资源，避免过度捕捞，促进渔业资源可持续发展，具有明显的生态效益。

(四) 复合生态系统

1. 贵州从江侗乡稻鱼鸭复合系统——稻鱼鸭复合种养技术

贵州省从江县地处云贵高原东南边缘，苗岭山脉向广西丘陵山地过渡地带。从江县是以苗族、侗族、壮族、瑶族、水族为主的多民族聚居县。据《黎平府志》《古州厅志》《从江县志》等史志资料记载，黔东南侗族的稻—鱼—鸭系统的历史至少可追溯至明代，但从当地古歌、传说等口述史资料推断，则有近千年的历史。侗乡各民族沿山造田，兼营林业，将稻鱼鸭系统与森林系统相融合，发展出"林粮间作"与稻鱼鸭复合种养技术，探索出了符合"九山半水半分田"环境的立体复合农业模式。侗乡各民族建构起与生态环境高度兼容的，鱼塘、稻田、沟渠、河溪相连通的人工复合水域系统，并建构"浅草带"和防护林，以实现森林与稻田之间的过渡。此外，鉴于各少数民族村寨的稻田距离寨子的远近不同，从江农民依据地势、土壤和气候条件的差异来安排种植的稻种和放养鱼鸭的频率密度。

2. 广西桂西北多民族山地稻鱼复合系统——多样化的稻鱼复合种养技术

广西桂西北多民族山地稻鱼复合系统地处中国西南边陲滇黔桂湘多省交界处，分布于广西壮族自治区西北的三江侗族自治县、融水苗族自治县、全州县、那坡县和靖西市。当地的侗族、苗族都有悠久的种养田鱼的传统。桂西北所处的骆越、西瓯族，历史悠久，根据其迁徙及稻作历史分析，以先秦时期计，其稻鱼复合种养历史当有 2 300 年以上，即使以三国时期计，亦达 1 700 余年。至唐末五代时，稻鱼生产在本地已是比较普遍的农业生产方式。广西桂西北各民族通过改进种养技术，根据需要采用坑沟、垄稻沟、深沟、田塘贯通式等手段，形成"田中有稻、水中有鱼、水底有螺、泥中有鳅、坑上挂瓜果"的立体种养效果。养殖方式有三种：一是夏季稻田养鱼，通常为

5月插秧，其后放养鱼苗，至10月收获成鱼。二是再生稻养鱼，通常为4月投放鱼苗，至10月收割再生稻时一并收捕成鱼。三是冬闲田养鱼，11月投放鱼苗，翌年4月收获。还可根据情况采用"两秧两鱼"轮作，利用中、晚稻秧田培育鱼苗。桂西北各民族探索出的多样化的稻鱼复合种养技术采用同步或异步种养的方式，有效利用了种植与养殖的时间差；同时充分利用了空间、水、土、热资源和系统内各物种的生态特性以及农田资源。

3. 甘肃迭部扎尕那农林牧复合系统——"农—林""农—牧""林—牧"复合生产技术

扎尕那农林牧复合系统位于甘肃省甘南藏族自治州迭部县城西北部益哇乡境内，是藏汉文化以及农牧过渡带。迭部县是一个以藏民族为主体的多民族聚居区。生活在迭部县扎尕那地区的民众从公元6世纪吐蕃时代已在较低海拔地区形成农林牧复合的经济模式，并在明清时期逐渐发展成熟。扎尕那农林牧复合系统依照生态环境呈现立体布局，形成在河滩川水地耕种，在低位山地放养，在脑山地区放牧这样一种垂直立体的多样经济类型，并发展出农林复合、农牧复合、林牧复合的生产模式。具体而言，平均海拔为500～2 500米之间的河流两岸滩地阶地较宽，土壤肥沃，水源充足，当地民众在此片川水地区开垦耕地。田地之间种植杨树、柳树，河岸边一般为小片森林与草地。在海拔为2 000～2 600米的低位山地带，林地同草地相间分布，一般放养蕨麻猪和黄牛或犏牛。而海拔2 600～2 800米的脑山地区一般为草原、灌丛与森林地带，多作草原牧场。

4. 湖南龙山油桐复合种植系统——"林—农""林—牧""林—药""林—副"复合生产技术

湖南龙山县地处云贵高原以北东侧与鄂西山地西南端结合部。龙山油桐林复合种植系统是当地土家族、苗族先民千百年来在与自然生态环境打交道的过程中，形成的高效利用自然生态资源的复合种植体系。据清嘉庆二十三年（公元1818年）《龙山县志》记载，这种复合种植系统在该县的规模性产出至少有 200 年以上的历史。"林—农"复合即采用桐粮套作、桐粮间作的方式在油桐林地里种植小麦、黄豆等农作物；或是在油桐林造林后的头 3~5 年间作农作物，林冠郁闭后停止。"林—牧"复合是在油桐林下牧放湘西黑猪、湘西黄牛和本地黑山羊。"林—药"复合是在油桐林下栽培天麻、黄连、百合及土茯苓等药材。"林—副"复合则是用材林与桐茶树混合种植。这种油桐林中或油桐林周围种植多样树种同时栽种林下经济作物、粮食作物等，并放养牲畜，发展采集业、狩猎业、养蜂业等产业，形成一个具备强稳定性和生物多样性的良性农业生态系统。

5. 云南漾濞核桃—作物复合系统——农林复合生产技术

云南漾濞核桃—作物复合系统地处漾濞彝族自治县东部，范围涵盖漾濞县苍山西镇光明村的全部 7 个村民小组。光明村居住着彝族、汉族、白族、傣族、傈僳族 5 个民族，少数民族人口占总人口的 65.04%。据康熙《云南通志》卷载"核桃大理漾濞者佳"，在清朝以前漾濞江流域已培育出了现在闻名遐迩的漾濞大泡核桃。漾濞民众将核桃与各种农作物间套作复合栽培，长期以来，与核桃间套作复合栽培的主要农作物有玉米、小麦、大麦、蚕豆、豌豆、杂豆、荞麦、马铃薯、蔬菜等，形成了核桃与各种农作物间套作复合栽培的生产模式。"核桃—作物"的农林复合生产技术优化了作物布局，在耕种农作物的同时，又起到了对核桃树施肥、中耕松土、除草、浇灌的作用，不仅能改良土壤，防治病虫草害，使核桃生长快、结果早、结果多，而且节省工时，提高了效率，增加了粮食产出，实现了农业生产良性循环、可持续发展。

（五）水利灌溉生态系统

1. 新疆吐鲁番坎儿井农业系统——坎儿井灌溉技术

吐鲁番市位于新疆维吾尔自治区东部，主要有维吾尔族、汉族、回族等民族。吐鲁番市的坎儿井最早出现在西汉时代，距今有 2 000 多年的历史。坎儿井这项工程用地面坡度引取地下水自流灌溉，由竖井、地下暗渠、地表明渠和涝坝4个部分组成。它依据山势坡度，按引水路线在地面挖出许多竖井，并在地下将这些竖井连通成渠道，使深层地下水逐渐变成浅层地下水，在需要水的地方引至涝坝（蓄水池），然后引至农田灌溉。

山区地下水埋藏比较深，而坎儿井通过竖井依山势开出的水平渠道将深水变成浅水；并且水在地下运行，不受地面高温蒸发的影响，保持了水量常年稳定；经过地下地层过滤远行，井水清澈香甜，施工工艺环保，对地表破坏少。坎儿井本身是一个独特的生态系统，它不仅是当地很多植被获取水分的主要途径，而且对动物的生存也起着特殊的作用；坎儿井沿线地表上的土丘，有利于蜥蜴、沙鼠等穴居动物的栖息；不少鸟类利用坎儿井的内壁筑巢、繁殖或御寒。此外，坎儿井的存在，对局部改善生态环境，调节小气候具有重要意义。

2. 新疆伊犁察布查尔布哈农业系统——大渠灌溉技术

新疆伊犁察布查尔布哈（布哈锡伯语意为大渠，以下同）农业系统的范围包括察布查尔布哈两岸900平方千米的地域，即察布查尔锡伯自治县15个乡镇场中的12个乡镇场及其所辖地域。察布查尔布哈是新疆伊犁锡伯营锡伯族军民用人工开挖的伊犁地区最大的水利工程，东西长90千米，渠宽约15米，渠深约3.3米，迄今已有207年的历史。察布查尔布哈形成了一套独特的大渠灌溉工程。察布查尔布哈的引水设施由老龙口、新龙口和三条引水渠构成。新老龙口分别给察布查尔布哈、察南渠和大稻渠引水，龙口所在的河道稳定，工程地质条件良好，设计合理，经过多年的运行，基本能满足目前的引水需要。察布查尔布哈在开挖技术上具备以下几点独特性：①一是老龙口选在灌区的最高点，便于自流灌溉；二是选在恰布其山口处，地质条件较好，取水口河床稳定，抗冲刷性强；三是设在伊犁河南岸的凹岸，采取无坝引水，进水条件好，进水量有保证，同时可减少泥沙进入；②察布查尔布哈在选线、走向布置上，充分利用了等高线原理，按照土渠的不冲不淤来控制渠道纵坡，同时尽量控制最大的灌溉面积，又将开挖的土方量变为利用方进行回填；③在施工开挖的措施上也有其独特性，比如：利用水盆的水面测视高程；利用渠道马道堆放倒方、保证渠道边坡的稳定性，减少土方开挖量；利用木马（三脚架）、树枝、杂草等对布哈险段进行加固等。此外，选择春秋两季开挖，不耽误农时；开挖一段就引水开荒种植农田，当年开挖当年就受益，取得了以水养农、以农促水的良好效果，缓解了当时锡伯营军民的口粮问题。

察布查尔布哈的灌溉系统有效调节了当地中部平原的空气湿度，使以前干燥的气候变得湿润。有效的湿度调节有利于南部山区对流天气的发生，增加了有效降水，减少了县域伊犁河洪水灾害的发生。察布查尔布哈的开挖极大地丰富了伊犁河南岸一带的生物多样性，对原有的生物种群、群落营养结构产生了一定影响，使得部分病虫的寄主发生改变，增加了捕食和寄生性天敌的数量，对系统内病虫草害的控制具有积极意义。

三、民族地区传统农业生态系统机理

中国许多少数民族在"大杂居、小聚居"的格局下，依托不同的生态环境，于原始社会向农业社会演进发展的漫漫历程中，创造了特色鲜明的农业文明。其中包含着一系列平衡人与自然关系的物质技术手段、生产生活方式、制度措施、思想观念和价值体系，为当今社会保护生态环境、深入贯彻绿色发展理念、坚持人与自然和谐共生、推动农业绿色发展提供了有益借鉴。为了更好地吸收民族地区传统农业生态实践的经验和智慧，有必要深入分析上述各案例中农业生态系统的结构组分，种群间的相互作用及生态位关系，物质循环与能量流动规律，与环境要素的生态关联，从而揭示生态系统运作的关键机理。

（一）土地生态系统：保持水土、综合利用

土地生态系统运转的关键在于保持水土，实现水资源和土地资源的高效利用，因此该生态系统主要是解决水蚀即水土流失的问题。在云南、贵州、广西、湖南地区，壮族、苗族、瑶族、侗族、哈尼族等民族所生活的地域，山地丘陵多，水蚀的危害问题及山多地少矛盾更为突出。土地生态系统中包含四个子系统，梯田子系统、森林子系统、村寨子系统与水循环系统。

梯田子系统是当地的少数民族在南方山多地少的条件下发展起来的。即通过修筑梯田的方式，有意识地控制山地丘陵的坡长、降低坡度，从而改变坡地的形态，降低田面径流量和径流速度；同时，采用等高耕作的措施，消除或削弱水土流失的因素，增强土壤的抗冲能力，从而提升了山地丘陵的利用价值，达到保水、保土、保肥，增加产量的目的。

森林子系统对梯田系统有着正向影响作用。当地少数民族将梯田修在山地森林的下方，充分发挥了密林植被对缓和气候、地形、土壤等因素造成水土侵蚀的作用。森林的冠层能减轻雨滴溅蚀；森林的枯枝落叶层能够接纳降雨并使其缓慢深入土壤，腐烂后则可增加土壤腐殖质，改善土壤结构，提升土壤透水性，减轻土壤冲刷；植物根系则对土壤有良好的穿插、缠绕、网络和固结作用，增强土壤的抗蚀性。

村寨子系统一般位于温度湿度适中、气候温和的半山腰，其选址充分考虑了森林、水源、山势等自然条件，以方便在村寨两侧及其寨脚的缓坡、山梁开垦梯田，形成了一个梯田区外围被森林区包围的人工湿地生态系统。哈尼族还设立了人口主动适应自然环境的分寨对策，即当新开挖的梯田与村寨之间的路程超过一天时就会分寨。定量分寨的制度分散了环境的人口负荷，保证了梯田生态系统的长期稳定。

在水循环系统中，当地的少数民族非常重视水资源的利用和管控，他们通过架筑水槽、修建水渠、坑沟、田塘、堰坝等方式，一方面连通森林中的山泉和山涧，另一方面贯通农田水系与村落水系，借梯田输水，依山势建人工设施实现有效的自流灌溉，建构起与生态环境高度兼容的，鱼塘、稻田、沟渠、河溪相连通的人工复合水域系统，形成了村寨内外循环的水系。这不仅是梯田得以运转维持的关键，对水资源的储存和净化，涝灾时的分流及旱灾时的补给也都起到了十分重要的作用。

可以说，水资源的循环利用贯穿了梯田子系统、森林子系统与村寨子系统，并形成了系统内独特的能量和物质流动。天然降水落到地面后，形成地表径流（部分下渗），地表径流沿坡面流经森林、村寨和梯田，由于梯田修成水平面，并有一高出水平面的田埂，从而使地表径流及其携带的泥沙以及生活污水、垃圾粪便等截留在梯田中，并逐级沉淀，使梯田肥力增加，最终只有多余且不带有任何泥沙的少污染的水流入沟谷中的江河。森林、村寨、梯田、水循环四个子系统的结构实现了功能合理、自我调节能力强的养分循环，体现了人与自然高度融合的生态农业特征（图5-2）。

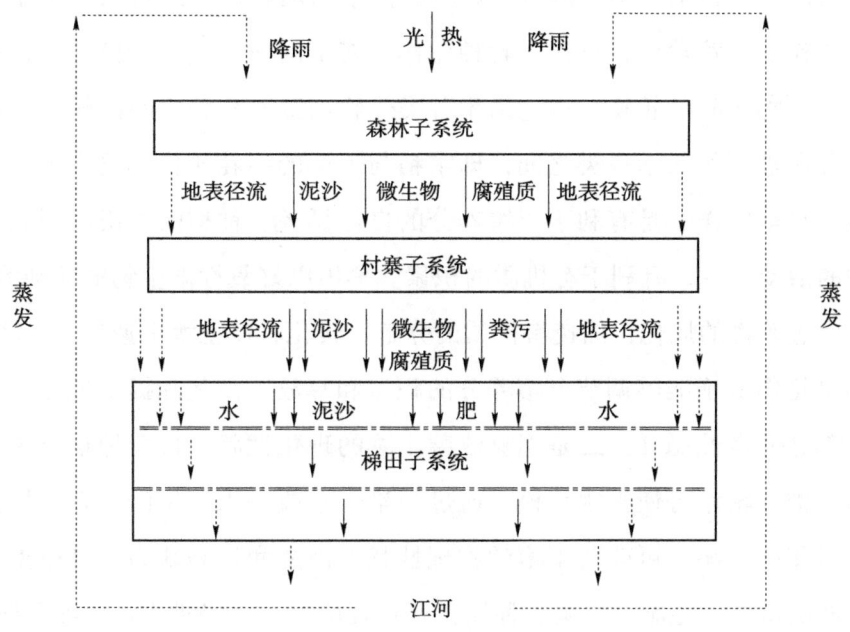

图 5-2　土地生态系统中各子系统的物质流动示意

土地生态系统集合了梯田自流灌溉和水土保持技术、"上林下田、动态平衡"的水土保持技术、"林—寨—田—河"的资源综合利用技术，将森林系统与人工湿地系统有机结合，以水资源的高效利用为主线，贯穿了自然环境、生产环境与生活环境的动态平衡过程，通过水循环系统在森林子系统、梯田子系统、村寨子系统之间实现物质流与能量流的交换，形成了统一的水、土、肥循环管理机制，实现了水土资源的有效利用。

（二）种植生态系统：用养结合、培育地力

种植生态系统运转的关键在于对土壤养分的管理，通过对作物布局和种植模式的调整，培育地力，从而实现土壤有机质和养分的动态平衡。云南剑川的白族、西藏乃东区的藏族以及活跃在云南澜沧江中下游的世居少数民族——傣族、哈尼族、布朗族、基诺族、佤族、拉祜族等，根据当地不同的生态条件，探索出了轮作休闲和间作、混作技术。

在种植生态系统中，白族、藏族所探索出的轮作模式包括换茬轮作和休闲轮作。换茬轮作，也称为轮种轮作，将不同作物进行轮换种植，包括禾谷类作物之间的轮换，也包括禾谷类作物与豆科作物之间的轮换。剑川白族开展进行的是禾谷类之间，即水稻与麦类的换茬轮作，属于水旱轮作实践。水旱轮作一是有利于土壤养分的良性循环。种稻的水田以厌氧性微生物的活动为主，有利于有机质的积累。旱田以好氧性微生物的活动为主，能够促进矿物的风化，加速有机质的分解、转化，使土壤中速效养分增加。而水旱轮作措施能够调节土壤养分的积累和释放，恢复和提高地力，促进土壤养分的良性循环。二是能够改善土壤的理化性状。长期种稻土壤容易板结，稻麦轮作可使土壤疏松。通过一旱一水或一水一旱的交替，加上施肥和耕作的影响，可改善土壤的物理性状，恢复和提高地力。旱地土壤通过长期的耕作、施肥、灌溉、种植，熟化程度好，已经进入培肥熟化阶段，改成水田后，团粒结构好，无锰结核及其他有毒物质，具有良好的、熟化的水稻土特征，种稻产量高。把水田改为旱田后，加速土壤脱沼与风化过程，有机质分解加快，使土壤得到改良。三是能够减轻病虫草害和农田污染。通过水旱轮作，改变农田环境，可消灭或减少病源，消灭虫卵，改变杂草的生长环境，达到减少病虫草害的目的。由于病虫草害的减少，农药用量和施用次数大大降低，保护了天敌，减轻了农药对土壤和作物的污染。四是有利于充分利用土壤中各层次养分。水田作物一般根系较浅，主要吸收耕层养分。旱田作物的主根入土较深，能加强对耕层及耕层以下养分的吸收（图5-3）。

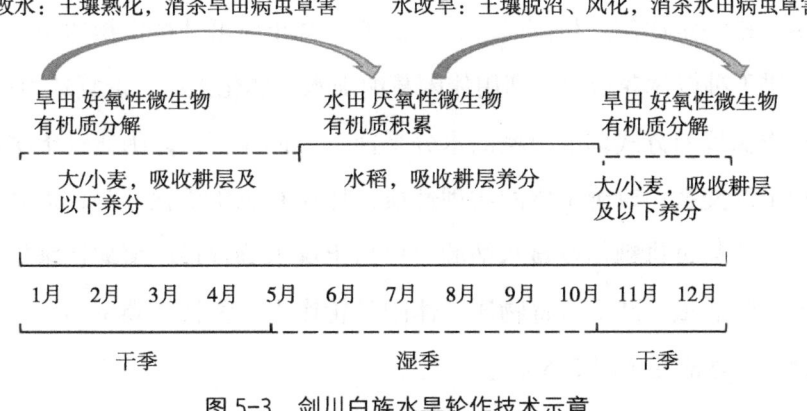

图5-3 剑川白族水旱轮作技术示意

乃东藏族采用的是禾谷类作物与豆科作物之间的轮换，将用地与养地相结合，采用具有肥地作用的蚕豆、豌豆等豆科植物与青稞、冬小麦等禾谷类作物进行换茬轮作，能够利用豆科作物的生物固氮维持土壤的氮素平衡，利用谷类作物残留的茎叶、根茬维持和提高土壤的有机质平衡，调节和增强地力。轮作还可以有效防除寄生性的病菌、杂草，专食性的害虫和伴生性的杂草，有效减轻病虫草害；前后作物搭配，茬口衔接紧密，有利于充分利用土地和光、热、水等资源，做到不误农时（图5-4）。

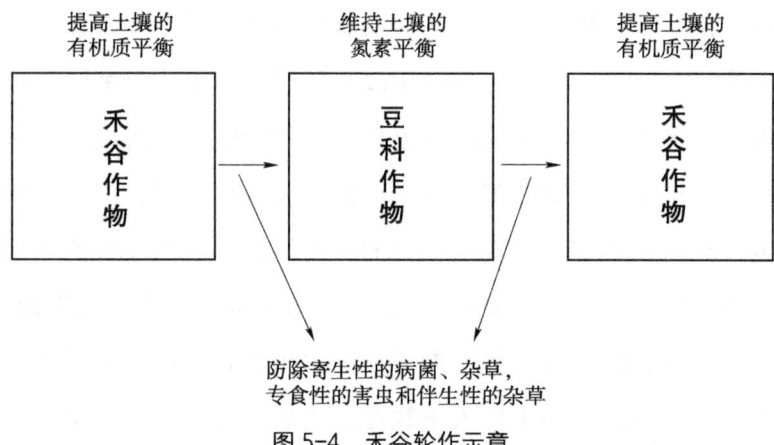

图 5-4　禾谷轮作示意

休闲轮作也是乃东区藏族所采取的一种用养结合的地力保育手段，即在轮作中安排一定比例的休闲时段，在田地上全年或可种植作物的季节只耕不种或不耕不种以休养地力，利用休闲蓄纳雨水，熟化土壤，恢复地力；同时，采取耕作保墒的方式调节土壤的水分平衡。具体而言，休闲通过土壤的冻融交替和干湿交替，改善土壤的物理性质，加速有机质矿化分解，提高土壤的有效肥力；通过耕耙作业蓄水纳墒，提高土壤水分含量，增加抗旱能力；通过休闲消除病虫，减少有毒物质。休闲是轮作中一种特殊类型的茬口，是许多作物的良好前茬（图 5-5）。

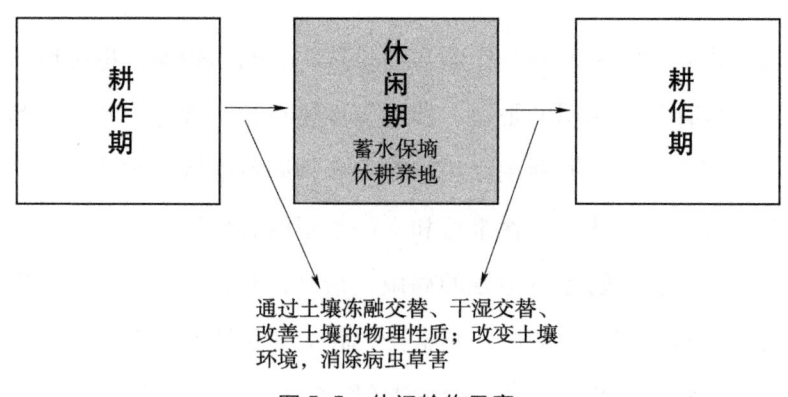

图 5-5　休闲轮作示意

间作、混作形成的作物复合群体是当地少数民族模拟自然植物群落结构与功能而形成的人工复合群体，其水平结构复杂，垂直结构明显。他们通过选择适宜的作物种类，组配成具有空间成层性分布和时间演替性分布的作物田间群体结构，并运用合理的田间管理技术，使得不同物种一方面能够分层利用不同空间层次和强度的光、热、水、气、矿质营养；另一方面，充分利用一年中不同的生境和生长季节，同样获得光、热、水、气、矿质营养等资源的高效利用，从而发挥作物种间的正向作用（互利共生，偏利共生等）等，避免种群间的负相互作用，削弱竞争关系，充分利用环境资源，显著提高单位面积产量。活跃在湖北恩施的土家族、苗族、侗族以及云南澜沧江中下游的世居少数民族——傣族、哈尼族、布朗族、基诺族、佤族、拉祜族等，还在间作、混作模式中合理配置粮食作物与茶、果、瓜、蔬、菌、药等经济作物，在逐渐摸索茶树生长习性的基础上对森林生态环境进行模拟和改进，结合林—农间作树种改变单一种间结构，形成相对稳定的群落形态，改善系统内的气候，降低风速，保持了适宜的热度和湿度，有利于土壤水分的贮存，使丰富的热量资源合理地作用于作物的生长；同时减弱了林带附近的光线直接辐射，增加了林网的散射辐射，有利于作物的光合作用，进而形成多样化、相对稳定，产品多元化的农业生态系统，增加了系统的稳定性，从而实现稳产和增收，提高了农作物品质和产量，提高了整个农业生态系统的生产力（图5-6）。

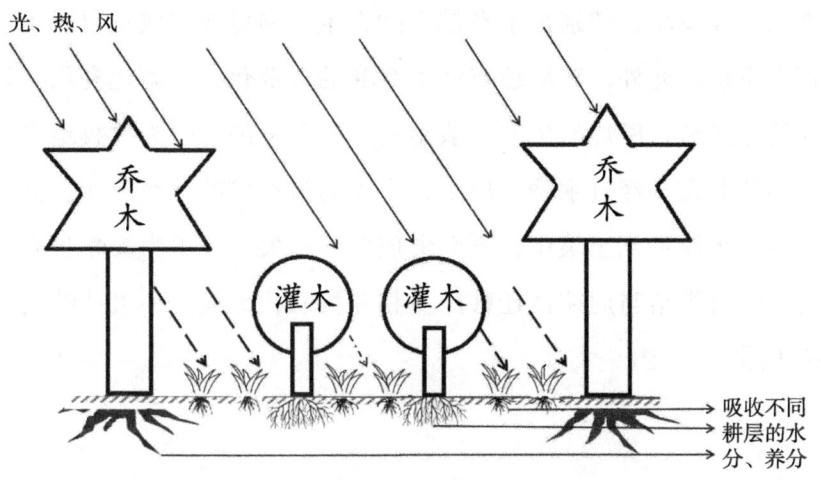

图 5-6　作物复合群体的能量和养分吸收

种植生态系统集合了水旱轮作技术，以轮作、休闲为主的高原农业耕作及养地技术，"茶—农""茶—果""茶—林""林—茶—草""林—茶—果蔬""林—茶—绿肥"间作、混作技术，将用地与养地紧密结合，为作物持续提供水、肥、气、热等有利条件，促进土壤潜在养分转化，减少病虫草害和土壤污染，提高耕地质量，改善农业生态环境，培育地力，从而实现土壤有机质和养分的动态平衡，确保作物持续增产。

（三）畜牧和渔业生态系统：适度开发、可持续利用

畜牧和渔业生态系统在上述少数民族生态实践中主要体现为游牧生产和以捕捞为主的渔业生产，草场、渔场是基本生产资料，两者都高度依赖其生活的自然环境和自然资源，该生态系统运作的关键即在充分考量资源和环境承载力的前提下进行适度开发，实现生产的可持续发展及资源的可持续利用，防止生态破坏、草原超载和过度捕捞。

逐水草而居，顺天时而动的蒙古族、藏族，根据雨热同期，干湿季分明的内蒙古草原、当雄高寒草原以及处于北亚寒带气候影响下四川扎溪卡草原的实际情况，发展出了以分群牧放、四季转场与畜群整顿技术为核心的游牧生产系统，以实现草场的可持续利用。季节性定时转场可以有效防止家畜粪便污染草场，特别是家畜排出的寄生虫卵可能造成重复感染，防控家畜寄生虫病。此外，转场还有利于畜粪的资源化、能源化利用。牧民以牲畜粪便作燃料，所烧的牛粪一般是前一年留下的，因为放牧地当年的牛粪浊湿不能利用。经过水洗、风干，牛粪的自然发酵已经停止。同时，有机养分随雨水渗透到土壤中，不会形成肥分损失。由于牛粪燃料必须是前一年的，燃料供给与周期性迁移产生相互关联，形成循环可持续的草场生态系统（图5-7，图5-8）。

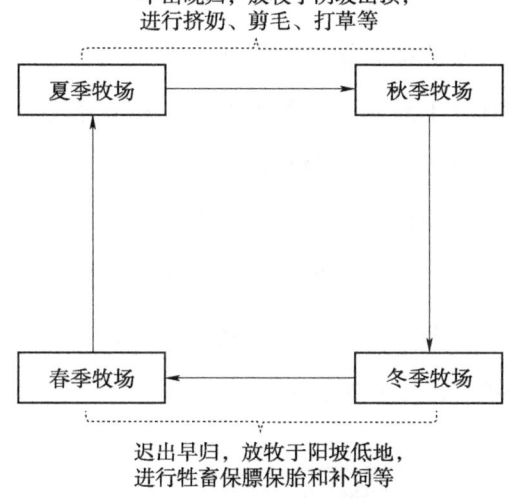

图 5-7　四季转场技术

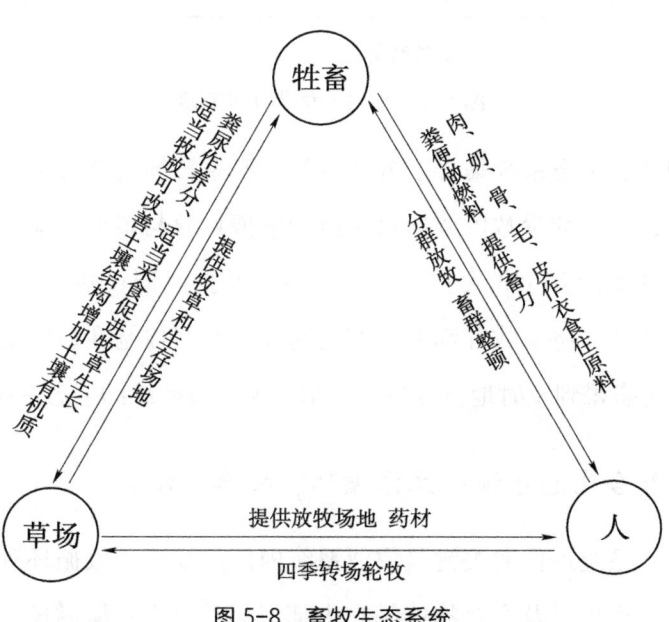

图 5-8　畜牧生态系统

黑龙江抚远的赫哲族在水系发达、江河纵横，水生生物尤其是名优特鱼资源丰富，具备发展渔业的得天独厚条件的情况下，发展出了以伏季休渔制度为核心的渔业生态系统。伏季休渔在一定时间内限制了捕捞力量，减弱了捕捞对种群结构和生态环境的破坏，使渔业生物得到了生长繁殖的时间和空间，更好地保护了产卵群体和幼鱼等渔业资源，渔业生物个体增重明显，经济种类比例增多，有利于渔业生物的资源量、资源密度增加以及资源质量的提升，有利于改善渔业资源的种群结构；同时，在一定程度上减弱了各类渔具对水生生物栖息环境的破坏，有利于渔业资源的养护。因此，伏季休渔有利于节约渔业资源，加强水生生物的资源保护，对推动相关水域水生生物的恢复性增长，水生生物多样性的保护以及流域内农业生态和海洋生态的保护和修复具有重要的借鉴意义（图5-9）。

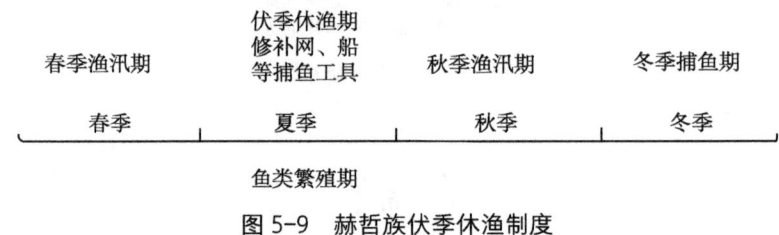

图 5-9　赫哲族伏季休渔制度

畜牧和渔业生态系统集合了分群牧放、四季转场与畜群整顿技术以及伏季休渔制度，当地的少数民族通过了解和掌握草原与畜群互动规律、鱼类生长规律，主动顺应其生长习惯和采食特性，并据此调整畜群结构以及放牧、捕捞的生产周期，将畜牧和渔业生产的时间、空间控制在适度范围内，让草场、渔场的生态得到及时地休养生息，形成循环可持续的生态系统。

（四）复合生态系统：立体循环、种养结合

复合生态系统运作的关键是农业系统内部的物质高效循环利用，即系统内部的投入、产出以及废弃物能够在内部消化，形成立体循环、种养结合的农业生态模式，因此该系统主要解决的是作物的种间关系及生态位互补关系的合理利用问题。苗族、侗族、藏族、彝族等少数民族在立体种植技术、立体养殖技术的基础上，进一步将种植技术与养殖技术有机地结合起来，形成种养业良性循环、相互促进、共同发展的态势。具体模式有农牧结合、林农结合、稻田种养结合（如稻田养鱼、稻鸭共栖等）、林养结合（如实行林下养殖等），生态效益显著。

黔桂地区的苗族、侗族主要开展的是稻田种养实践，即在稻田中兼养鱼、鸭，使鸭、鱼、水田、水稻形成一个新的生态系统，通过鸭群、鱼类使这个系统活跃起来，形成一个动态的多级食物链结构和动植物循环利用体系，以生物防治为基础，减少化肥和农药的施用，是一种典型的生态农业。从空间上看，稻鱼鸭系统中的各种生物占有不同的生态位。水上层的植物为生活在其间的鱼、鸭遮阴蔽日；鱼主要在中水层活动，鱼和鸭的游动撞击稻秆，害虫或震落水中，或顺着分泌在稻叶上的细丝下垂避难，成了鱼鸭的饵料，稻秆中残留的螟虫也是鸭子的美味佳肴，从而避免了病虫的为害。大部分杂草在生长初期就成为鱼鸭的食物，鸭子在捕食过程中搅动泥水，使得稻田水域浑浊，浑浊田水挡住阳光，抑制杂草发芽和生长。与单作水稻相比，稻鱼鸭共生模式能更好地控制虫害，降低水稻染病的概率。鸭还捕食一些底水层的河蚌、螺等底栖动物。鱼鸭粪便也可作肥料，增加稻田内有机物质和养分，实现稻田系统内部废物回收利用，减少肥料投放。此外，鱼的活动能疏松土壤，增加土壤孔隙度，改善土壤通气性，有利于肥料和氧气进入土壤层，提高施肥效率。水稻、杂草构成了系统的生产者，鱼、鸭、昆虫以及其他各类水生动物构成了系统的消费者，细菌和真菌是分解者，通过内部的自然生态协调机制来相互作用，完善系统功能，通过这样的方式有效地变废为宝，实现能量的高效转化、综合利用以及系统产出最大化。稻—鱼—鸭复合种养不仅有效地缓解了人地矛盾，还可提供螺蛳、蚌、虾、泥鳅、黄鳝、藕等各类农渔副产品，能够满足村民衣食住以及文化生活方面的需求，在提高了农产品质量以及经济效益的同时，也改善了农田生态环境。

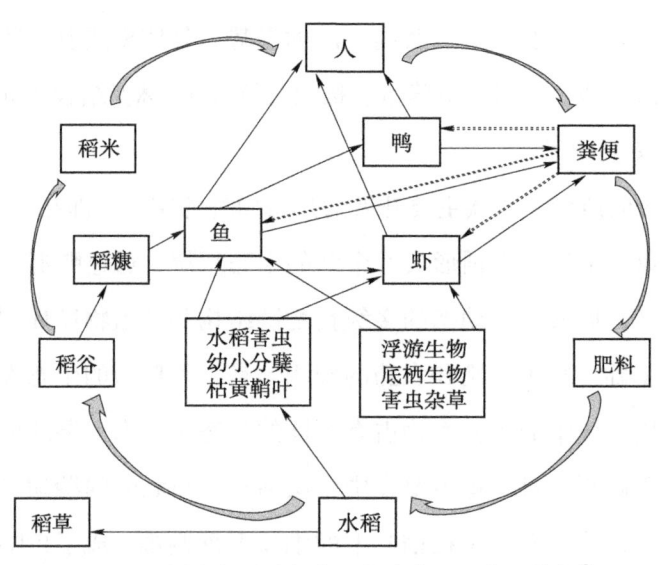

图 5-10　稻—鱼—鸭复合系统食物网及物质转换①

农林复合是云南漾濞地区的彝族，在山高坡陡，沟箐纵横，干湿季节变化分明，垂直气候差异明显的地域条件下，总结出的农林相互依存、优势互补的农业生态系统。农林复合生态系统可分为地上和地下两部分，两部分间形成相互作用的模式，地上部分主要是系统中木本植物通过改变小气候（例如光、风速、温度和湿度等）影响林下层的农作物；地下部分主要是系统中木本植物和农作物对土壤中水分和养分资源的竞争和互补利用以及化感作用。农林复合生产技术充分利用了林地的空间差、时间差，因地制宜发展林下种植业以及林地和农作物间、套作复合栽培的模式，最大限度提升了林地效益和林地综合利用率，充分调控系统内的光热资源、水分资源、养分资源、土地资源，形成优势互补，相互促进的发展格局。

农林牧复合是甘肃甘南地区的藏族以及湖南龙山地区的土家族、苗族，在群山起伏、坡谷纵横，山地的垂直地带和水平方向呈现出多样性的地势及气候差异的情况下，所发展出的农业生态系统。农林牧复合生产技术利用各个组分的互利共生关系，形成林农、林牧、农牧、林菌、林药、林副等植物间作和种

---

① 张丹，闵庆文主编：《贵州从江侗乡稻、鱼、鸭系统》，北京：中国农业出版社，2015，第 48 页。

养结合的多种模式，充分发挥了农田、森林、草地等不同类型的生态系统在生物多样性保育、水土保持、水源涵养、气候调节、土壤改良等方面的功能，构成了优良的生产、生活和生态环境。一方面，农林牧复合生产系统满足了当地民众多样化的生活需求，种植业提供了粮食、果蔬等食品以及油料作物产品；牧业提供了奶、肉类等食品以及皮毛；森林提供了燃料、房屋建筑材料、林下副食以及药材；另一方面，农林牧复合在生产方面可以相互补益。种植业中的农作物秸秆以及人工种植的饲料为家畜提供食物来源和垫圈材料；农田作物的间作、套作、轮作和秸秆沤肥增加了土壤中的养分含量，反过来又促进了林木的生长；而农业与林业的间作、套作，有利于解决育林期间的口粮问题，达到以短养长的效果；家畜提供了畜力，同时也是田地及林木的重要肥料来源，森林则提供了蕨麻猪、湘西黑猪、湘西黄牛和本地黑山羊等牲畜的放养场地；森林凋落物和腐殖质也能够为田地提供肥料，尤其油桐壳、油桐枯饼作肥料还能杀灭土壤害虫，改良土壤土质，实现酸碱中合，此外，森林也有利于防止水土流失、减轻旱涝风灾，调节气候，从而保护农田（图 5-11）。

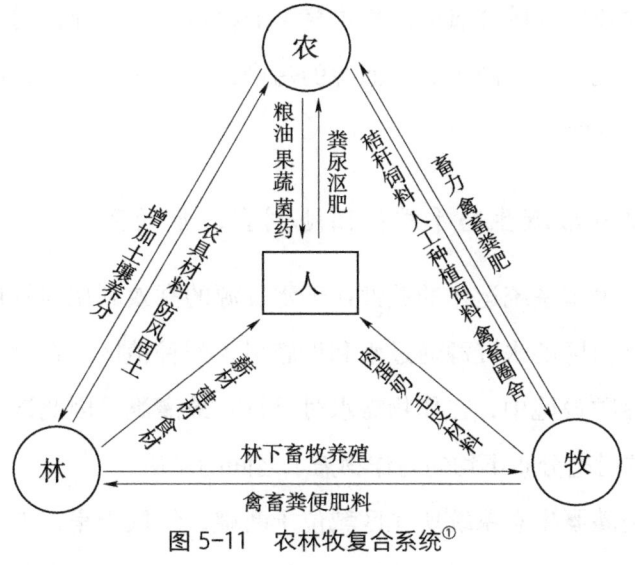

图 5-11　农林牧复合系统[①]

---

① 刘某承、闵庆文、何惠民：《甘肃迭部扎尕那农林牧复合系统》，中国农业出版社，2017 年，第 50 页。

值得指出的是，农业生态系统既可以是碳源，也可以是碳汇，适当的生产技术和生产方式可以促进农业系统由碳源转为碳汇。复合生态系统中囊括了农田子系统、草地子系统和森林子系统，对碳循环有着重要的影响。其中，森林子系统是二氧化碳的主要消耗者，它主要以二氧化碳作原料进行光合作用，固定和储存碳，同时释放出氧气。草地子系统的碳储量虽不如森林大，且地上部分经常受到放牧、农垦等影响，但是由于草地地下部分分解缓慢，碳汇作用明显，因此草地生态系统在碳平衡中仍有重要的碳汇作用。而且相对于单纯的农田系统、自然的草地系统和森林系统，基于林牧、农牧、林农结合的复合生态系统具有更好的土壤固碳潜力。

复合生态系统集合了稻鱼鸭复合种养技术、"农—林""农—牧""林—牧""林—药""林—副"复合生产技术，通过种养结合发挥农田生态系统中不同生态位的相互作用，形成植物生产与动物生产循环链，调整农业结构，形成能量与资源的立体循环，改变因作物或树种单一而过分消耗地力的情况，有利于提高综合效益，保持生物多样性，改善土壤，实现化肥、农药的减量增效，推动农业的固碳释氧以及病虫草害的绿色防治，促进粪污等废弃物的资源化、能源化利用，减少农业面源的污染，保护区域环境，促进绿色生产和农业可持续发展。

（五）水利灌溉生态系统：因地制宜、集约高效

水利灌溉生态系统运作的关键在于水资源的高效利用与管控，即需要在空间上将非种植区的水资源通过水利设施引入到种植区；在时间上把水资源汇集蓄存于存贮设施中，在作物需水时进行有效灌溉。因此该生态系统主要是解决水资源时空分布不均匀与作物需水之间的矛盾。

上述水利灌溉生态系统所在区域位于新疆，气候干旱，水资源主要来源于高山冰雪融水。三大山脉的积雪、冰川孕育汇集为500多条河流，其中较大的有塔里木河、伊犁河等。总体而言，新疆水资源受季节因素影响，时空

分布极不均衡，地表水蒸发量大，旱灾、风灾多发。当地的维吾尔族、锡伯族人深刻意识到，水资源的高效利用与管控是此类生态脆弱、环境干旱地区的农业发展的命脉，也由此探索出了相应的水利灌溉技术。坎儿井是生活在吐鲁番的维吾尔族等民族，在当初缺乏把各山溪地表径流由戈壁长距离引入灌区的手段以及缺乏提水机械的情况下，根据当地水文地质的特点，探索出的用暗渠引取地下潜流，进行自流灌溉的一种特殊水利工程。布哈大渠的修建则是锡伯族在原来引泉水、绰霍尔河水灌溉，但其灌溉范围内的土地盐碱化后所采取的解决办法，即引伊犁河水西流进行灌溉（图5-12）。

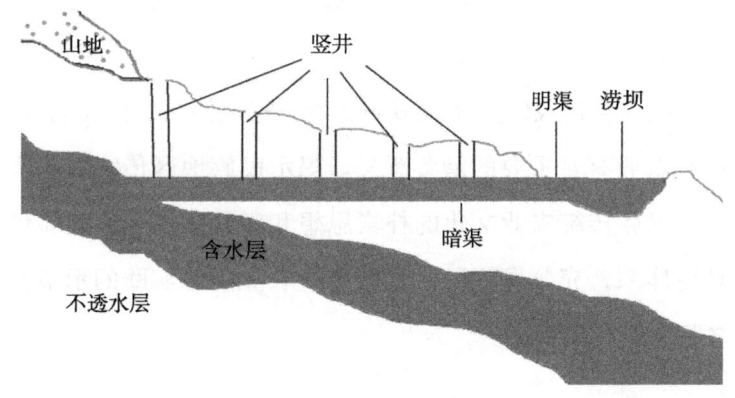

图 5-12 坎儿井灌溉技术

农田生态系统的水分循环包括降水、蒸散（包括蒸发与蒸腾）、渗漏、侧漏、灌溉、地下水上升、排水以及农田持水的过程。坎儿井灌溉技术和大渠灌溉技术主要通过修建水渠、水井、蓄水池等集水、引水、输水、配水设施，注重冰雪融水以及冰雪融水汇成的地表河水和渗入地下的潜流等地下水的集蓄，采用人工手段提升集水效率和集水量，减少蒸发损失和输水损失，减少泥土风沙的不利影响，并充分利用地势和水自身的重力实现自流灌溉，降低成本，提高效率，保障农田持水量，从而逐步形成有利于作物生长的局部小气候，减少灾害，为在灌区因地制宜地发展绿洲农业，种植小麦、玉米以及一些喜温、喜光和耐干旱的经济作物打下良好的基础，使农业生态环境向良性循环的方面发展。

　　水利灌溉生态系统集合了坎儿井灌溉技术和大渠灌溉技术，凸显了当地少数民族对水资源利用的主动性，通过工程措施对水资源进行空间和时间上的富集干预，根据当地水文地质的特点汇集和存储水资源，有效解决了水资源时空分布和作物用水需求之间的错位难题，大幅度改善作物种植区水分状况和农业生态环境，提高水资源的利用效率，实现农业增产目标。

　　尽管民族地区传统农业的生态实践在形式上有所差异，但基本导向是建立一种适度规模、可循环和可持续发展的生态系统。在这样的生态系统中，结构往往较为复杂但有序，物质交换和能量流动持续进行，且物流与能流的收支以及生产者、消费者、分解者和环境之间，都呈现出一种动态平衡的状态，因此，系统具备自我修复和调节的功能，稳定性高，抗灾力和恢复力强，这对发展绿色农业有着重要的借鉴意义。揭示民族地区传统农业实践的生态机理，将少数民族传统农业文化的朴素思想和经验提炼为突破绿色发展关键的技术和理论体系，充分发挥民族地区传统农业生态实践的示范作用，农业绿色发展之路方能行稳致远。

第六章

民族地区传统农业生态智慧的启示与建议

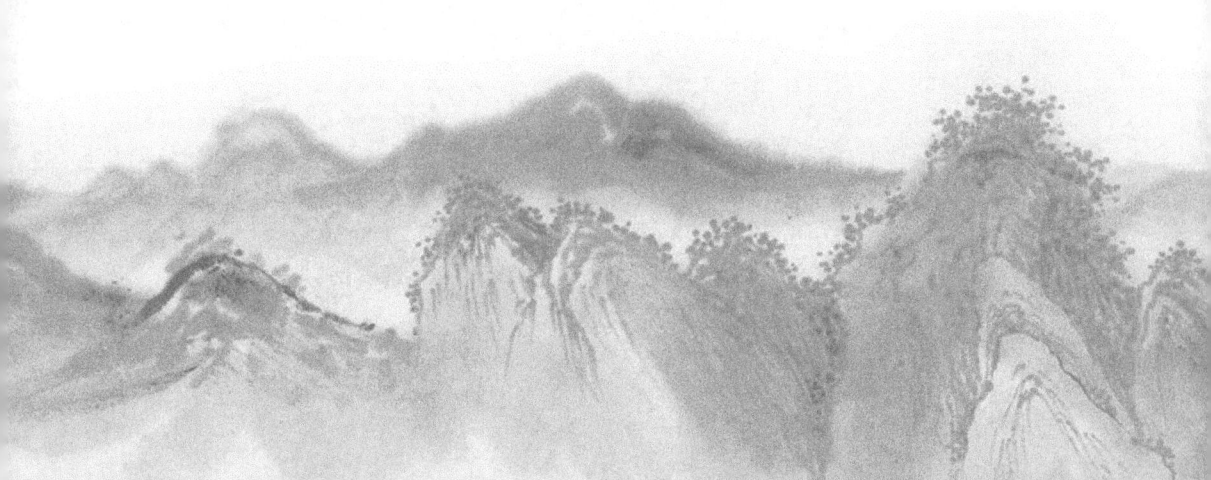

农业绿色发展是习近平生态文明思想在农业领域的具体实践，其核心就是正确认识人与自然的辩证统一关系。它要求人们在尊重自然、顺应自然、保护自然的条件下，实现人类自身发展，这与民族地区先民敬畏自然、与自然和谐共生的观念有着共通之处。党的二十大报告指出："尊重自然、顺应自然、保护自然，是全面建设社会主义现代化国家的内在要求。"它标志着我们党对农业绿色发展的规律性认识进一步深化。聚焦农业，人多地少是中国农业所面临最基本的现实情况，而少数民族人民多生活在开发利用难度较大的边远地区，而其传统文化千百年来却绵延不绝、代代相传，从未出现生产难以为继的现象，因此，少数民族地区的自然主义农业生产以及生活方式在现今时代仍然值得借鉴。

一、当代中国农业发展趋势

党的十八大以来，以习近平同志为核心的党中央将生态文明建设摆在全局工作的突出位置。在"五位一体"总体布局中，生态文明建设是重要组成部分；在新时代坚持和发展中国特色社会主义基本方略中，坚持人与自然和谐共生是一条基本方略；在新发展理念中，提出绿色、低碳、循环发展；在到 21 世纪中叶建成社会主义现代化强国目标中，提出建设美丽中国的重要目标。在构建人类命运共同体中，全球环境治理是全人类共同追求。在此时代背景下，农业作为国民经济的第一产业，更需要转变方式，建立资源节约型、环境友好型农业。尽管近年来农业绿色发展取得明显进展，农业资源保护利用得到加强；农业面源污染防治成效明显；农产品质量安全水平稳步提高；农业绿色发展支撑体系逐步建立；但也要看到农业绿色发展仍处于起步阶段，还面临不少困难和挑战。

（一）当前农业发展面临的困难与挑战

党的十八大以来，中国农业发展进入新时代，绿色发展初见成效，但未来发展依旧受到资源条件和生态环境的双重束缚,面临粮食安全和农产品的有效供给等问题的挑战。

一是资源约束。水、土等自然资源是农业生产不可替代的基础支撑,中国农业资源现状却是人多地少水缺且分布不均。人均耕地面积仅为世界平均水平的38%,中低等耕地占总耕地面积的70%,且全国只有四成耕地分布于平原和盆地,约占国土面积1/3的东部地区,分布着2/3以上的人口和耕地。同时,中国还是世界上13个贫水国家之一。水资源总量仅占世界的6%,人均不足世界平均水平的1/4,水资源的时空分布与人口、耕地分布不协调,大量耕地得不到有效灌溉。此外,随着社会生产力的发展,城市化对农业的冲击也不容忽视。据统计,"十三五"期间就有7 000余万亩耕地被移作其他行业使用。从历史进程来看,城市化的发展势必会以牺牲农业为代价,且这种侵占趋势难以阻挡;然而现实是我们既要满足人们对粮食等主要农产品日益增长的刚性需求,又不能过分依赖于国际市场。从2016年开始中国粮食消费总量首次超过粮食生产总量,2020年粮食进口14 262万吨,创历史新高,其中谷物进口3 579万吨,大豆进口首超1亿吨。而全世界的粮食交易基本被以美国ADM(Archer Daniels Midland)、邦吉(Bunge)、嘉吉(Cargill)以及法国路易达孚(Louis Dreyfus)为首的四大粮商所控制,通过国际市场解决中国粮食供给既不安全也不现实。

二是环境压力。当前农业农村环境污染问题仍然突出。一方面是工业生产和城市生活等外源污染向农业农村扩散,上万亩耕地不同程度受到重金属污染;另一方面农业自身也存在过度开发,过量使用农膜、农药以及化肥等投入品的问题,农药化肥使用量占全球总量30%,生态环境的承载能力愈发临界极限。放眼世界,自工业革命后,人类无节制地使用石油、煤炭等自然资源,导致全球变暖,地球暖化所引发的旱涝灾害频发对农业生产的影响尤其显著。近年来,世界各国均开始以不同方式减少碳排放量,以期实现碳中和。为共同建设人类命运共同体,中国展现大国担当,也提出2030年碳达峰

（peak carbon dioxide emissions）和 2060 年碳中和的目标。节能减排的要求给未来农业的发展范式带来前所未有的挑战。传统认知中，工业高耗能、高污染，是节能减排的重点，农业一方面是碳汇（Carbon Sink）产业，农作物生长有一定的固碳作用；但另一方面农业生产过程所产生的面源污染仅次于工业和城市污染。与森林植被相比，农作物的碳汇能力弱，农作物所生产的粮食被消耗后，其中被固定的二氧化碳又会被重新排放到大气中，同时农业生产所遗留的畜禽粪污与秸秆等农业废弃物的不当处置，也会对生态环境造成严重破坏。人多地少的基本国情使得中国在治理农业污染时，不能照搬西方大搞的有机农业经验，更不能盲目休耕。

三是粮食安全。粮食安全是国家安全的重要组成部分，事关社会稳定的大局。当前，中国粮食安全正处国内口粮最高水平保障；与此同时在国际粮食市场大量进口饲料粮的态势，粮食进口已成为中国粮食安全保障的重要来源，这对于保障国内粮食供需体系平衡、缓解国内资源环境压力，以及满足消费者多样化需求等方面发挥了积极作用。然而，随着国际形势风云突变，各种不确定因素相互叠加，中国粮食安全面临着新的挑战。特别是近年来，全球贸易保护主义、单边主义盛行，俄乌冲突等，加大了粮食供给的风险。为此，党中央、国务院的提出：要牢牢守住保障国家粮食安全，稳定全年粮食播种面积和产量，确保产销平衡区粮食基本自给，推进国家粮食安全产业带建设。要大力实施大豆和油料产能提升工程，保障"菜篮子"产品供给，统筹做好重要农产品供给调控，强化农业食品保障功能。

（二）农业绿色发展的新理念

党的十八大以来，党中央创新性提出"五位一体"总体布局和"四个全面"的战略布局，首次把生态文明建设纳入经济、政治、文化、社会建设各方面、全过程，纳入国家发展总体布局。十八届五中全会又提出了创新、协调、绿色、开放、共享的新发展理念，开启了生态文明建设的新纪元。

2017年，党中央加快推进生态文明顶层设计和制度体系建设，中共中央、国务院印发《生态文明体制改革总体方案》《关于加快推进生态文明建设的意见》，明确指出生态文明建设是中国特色社会主义事业的重要内容，关系人民福祉，关系民族未来，事关"两个一百年"奋斗目标和中华民族伟大复兴中国梦的实现，明确了生态文明体制的"四梁八柱"。同年9月中办、国办出台了《关于创新体制机制推进农业绿色发展的意见》，从战略的高度对农业绿色发展进行全面部署。党的十九大进一步提出乡村振兴要以绿色发展为引领，将绿色理念融入乡村振兴战略中，农业生产生活方式加快绿色转型。2021年经国务院审议，农业农村部等6部委联合发布了《"十四五"全国农业绿色发展规划》，部署"十四五"时期农业绿色发展的总体思路工作目标和重点任务标志着农业高质量发展、全产业链绿色转型进入新阶段。2022年10月召开的党的二十大，进一步明确中国未来要走绿色发展之路，报告明确提出："中国式现代化是人与自然和谐共生的现代化。""大自然是人类赖以生存发展的基本条件。人类必须尊重自然、顺应自然、保护自然，这是全面建设社会主义现代化国家的内在要求。"必须牢固树立和践行绿水青山就是金山银山的理念，站在人与自然和谐共生的高度谋划发展。报告强调："要推动经济社会发展绿色化、低碳化是实现高质量发展的关键环节。""加快构建废弃物循环利用体系。""完善支持绿色发展的财税、金融、投资、价格政策和标准体系。"它标志着我们党对农业绿色发展的规律性认识不断深化。

农业绿色发展是党和国家基于中华民族实现永续发展而作出的重大战略决策。它结合中国国情，并传承中华传统文化之精髓，特别是在当前农业发展面临资源约束、环境压力的困难和挑战下，为实现资源高效、环境友好、结构合理、产品供给等现代化农业目标，提出的中国农业的发展出路。只有将人与自然和谐共生的生态观作为其内涵，在注重高效、集约利用自然资源的同时，更加注重对资源环境的保护，在保护中合理开发利用，在合理开发利用中进行有效保护，树立保护生态环境就是保护农业生产力，改善生态环境就是发展农业生产力的理念，才能使农业生产的发展与生态环境相互适应、相互促进、共生共荣，实现现代农业的绿色发展。

（三）未来农业发展的趋势

改革开放以来，国家依靠农村劳动力、土地、资金等要素，快速推进工业化、城镇化，经济社会面貌发生翻天覆地的变化，农业取得长足进步；农业生产逐渐增加化肥、农药等投入品，以机械代替人力，劳动生产率成倍提升，很大程度解决了人民的温饱问题。但其隐患也随之突显，以牺牲环境和资源为代价片面追求发展，农业生产环境不断恶化、农业资源硬约束日益加剧、农产品质量安全受到威胁以及生态系统退化严重等问题成为制约国家发展的"瓶颈"。在生产、生活实践中，我们逐步认识到，掠夺式的生产模式不可持续，是全面建成小康社会的短板，农业生产既要稳定发展，农业资源与生态环境又要得到保护，必须转变农业发展方式，走可持续绿色发展道路。

未来中国农业是以绿色发展为引领的现代化农业，要与经济社会发展水平相适应，资源高效、环境友好、结构合理、产业融合、区域协同的农业。习近平总书记指出：农业绿色发展是农业发展观的一场深刻革命。首先，要在思想观念上转变，树立新发展理念，坚持高质发展、走绿色、低碳、循环之路。其次，新时期现代化农业的趋势是精准化和智能化。创新农业绿色发展技术，让农业生产的全过程精准化、智能化，就能够实现以最小的资源投入、最小的生态环境代价，实现最好的产出、最好的效率、最好的收益。最后，要开展农业绿色发展技术装备化研发，实现绿色技术装备从散装到组装再到整装的跨越，这才是真正意义上的农业现代化。

当前要做好以下几项工作：第一，加快农业绿色技术的研发，建设一批国家级长期固定观测试验站。通过观测试验站开展长期、持续、系统、综合的观测，获取各地农业发展原始资料和基础数据，科学了解动植物不同时期的表型特征，探索找到农业投入与农产品产出、资源环境保护最优平衡点，全面掌握农业生产发展与生态环境变化之间的规律，为加快农业科学技术研发作支撑。第二，构建农业绿色发展标准体系。实现农业全要素、全链条、多层次的现代农业全产业链标准化，从而推动农业的数字化和智能化。第三，推进建设农业遥感卫星系统。充分利用卫星遥感覆盖区域广、信息真实等联合优势，建立以卫星遥感为主、航空无人机和地面物联网为辅的农业信息数据观测技术，实现农业要素、农业过程、农业管理和农业资源权属及变化的数字化管理。第四，开展农业全产业链的检测与预警。构建现代农业操作系统，提升农业形势研判、政策评估、市场预警、应急处置等方面的水平和能力，确保国家粮食安全和农产品质量安全。

二、传统农业生态智慧对当代的启示

党的二十大报告指出："中华优秀传统文化源远流长、博大精深，是中华文明的智慧结晶。"报告强调："坚持和发展马克思主义，必须同中华优秀传统文化相结合。只有植根本国、本民族历史文化沃土，马克思主义真理之树才能根深叶茂。"民族地区传统农业生态智慧是中华优秀传统文化的重要组成部分，对推进农业绿色发展和生态文明建设具有重要的启示意义。

（一）充实农业绿色发展思想内涵

民族地区先民在长期的生产实践中，以其聪明才智创造出了适应当地生态环境的独特的生存方式，并在此基础上形成了独特的生存意识和生态环境保护文化，这其中蕴含着丰富的生态伦理智慧和思想，如敬畏自然、顺应自然、共生共存、善待生命、合理开发、节制贪欲等，这些传统的生态伦理思想不同程度地反映在他们的神话传说、宗教信仰、乡规民约、习惯法和农耕经济中，反映了民族地区追求人与自然和谐、共存的价值取向。

1. 利用自然，行有所止

自然资源是形成人们所需的各种物质产品和社会生产力的基本组成部分。

人们对各种自然资源的开发利用都应有一个阈限，超过了这个阈限，就超过了生态系统的承受能力，严重的就会引起生态系统崩溃。

千百年来，民族地区在相对封闭的区域内，做到了适度且可持续利用自然资源，与自然环境和谐共生，这主要是建立在他们崇拜自然、敬畏自然、与自然和谐相处的农业可持续发展理念之上。西双版纳天然森林覆盖率在70%～80%，13个民族地区世世代代与热带雨林和谐共存。推进农业绿色发展，最根本的是让农业绿色发展观念深入人心。人类应对自然给以足够的尊重和敬畏，对自然界提供给我们的资源不能一味索取，而要行有所止，与自然界的其他生物物种和谐共处，依靠生物物种多样并存和各种生物之间的相互制衡，确保自然生态系统稳态延续。只有坚持农业绿色发展的理念，在全社会牢固树立绿色发展观、循环生产观和低碳生活观，全面提高农民的绿色生产技术和生态素养，统筹农业生产发展与生态保护，推动农业生产与生态环境修复和提升，才能实现永续利用和永续发展。协调人与自然，经济与资源、环境的关系，在资源生态系统承受能力所允许的限度内，以最经济有效地开发利用各种自然资源，从而获取资源利用的最大生态经济效益，这是绿色发展的基本要义。

2. 共生共存，和谐相处

各民族地区的生态伦理呈现出"共生共存"的鲜明特点，强调万物同源共生，万物共享资源，万物皆有其栖息繁衍的乐园；人类与万物，都是宇宙大家庭中的成员，在历史的长河中，世间万物共同发展演变；人类各族群以自身的生存智慧获取生存资源、均分资源、共享资源，生存方式多样却又和谐共生。正是因为民族地区对大自然的尊重和呵护，将自然界万物视为一种有尊严的生命体的观念，得以使他们居住的地域长期保持了人与自然和谐、生态良好的环境。

民族地区"共生共存"的环境观表明，在宇宙这样一个由多样化的生命共同创造的家园中，万物皆有生命、情感、意志和内在价值。人类也是众多生物物种中的一种，人类的这种特殊性在于他的存在方式具有生物性和社会性的双重属性。就其生物性而言，人类仅是一个普通的生物物种，与其他生物物种不存在本质上的差异，必须依赖自然生态系统而生存。人类与其他物种的本质区别之一，在于人类种群的扩充在自然生态系统中占据着最为明显、突出的位置。人类又具有社会属性，可以依据自身独有的社会属性以不同方式从自然生态系统中获取物质与能量。如果不向大自然索取物质与能量，人类自身也将荡然无存。因此，人类和自然生态是一个利益共同体，一损俱损，一荣俱荣。呵护万物就等于呵护自己，关爱自己也就等于关爱万物，爱物与爱己具有高度的内在一致性，人类应该从同类的视角本能地、自发地关爱万物。一定要在确保各生物链完整的基础上，采用多样性的资源利用方式，维系整个"文化生态"共同体的稳态延续。一旦这样的制衡被打乱，其生态系统的运行便会失衡，生物多样性减少，最终以生态灾变的形式反馈给人类。我们再也不应该把自然界看作是我们征服的对象，再也不应该把其他生物仅仅看作我们的美味佳肴，而应该把它们看作是与我们平等的生命，看作是宇宙智慧的创造物，看作是宇宙之美的展示者，孜孜不倦地协调好与自然界结成的共生关系。

（二）构建农业绿色生产方式

中国民族地区地域广阔，拥有着独特的农业资源禀赋、社会文化发展基础。经过世世代代的胼手胝足、勇于开拓、辛勤耕耘，民族地区形成了丰富多样的高原文化、雪域文化、绿洲文化、草原文化、渔猎文化等，为农业绿色发展和生态发展提供了独具特色的传统农耕智慧。

1. 环境迥异，因地制宜

中国自古以来土地资源分布不平衡，尤其是在民族地区，林地较多、农地较少且土地生产力地区间差异显著。在长期的生产、生活和交往活动中，各民族地区根据当地独特的土壤、气候和农业资源等条件，选育种植了不同的农作物品种，形成了具有鲜明民族特色的土地利用方式和种植方式。在境内雨热同季、干凉同时的低纬高海拔独特条件下，云南剑川的白族发展出了以稻麦轮换种植的水旱轮作技术为核心的农耕生态系统。西藏乃东区的藏族在高原温带半干旱季风气候下，种植了适合当地独特气候的青稞，逐渐形成了以轮作、休闲养地技术为核心的高原农耕生态系统。活跃在云南澜沧江中下游的世居民族地区——傣族、哈尼族、布朗族、基诺族、佤族、拉祜族等，在山谷相间、河溪纵横、森林覆盖率高的环境及亚热带季风气候条件下，探索出茶叶种植与粮食种植、林业、牧业复合发展，与果、蔬、菌、药等经济作物以及绿肥间作的技术为核心的茶园生产系统。地处湖南省龙山县的土家族、苗族先民，在千百年来与自然生态环境打交道的过程中，形成了流传200年以上的"林—农""林—牧""林—药""林—副"复合生产模式种植系统。

逐水草而居，顺天时而动的蒙古族、藏族，根据雨热同期，干湿季分明的内蒙古草原、当雄高寒草原以及处于北亚寒带气候影响下四川扎溪卡草原的实际情况，发展出了以五畜牧放、四季转场与畜群整顿技术为核心的游牧生产系统，以实现草场的可持续利用。

民族地区因地制宜的生产智慧告诉我们，今天发展绿色农业，一方面要充分利用自然条件的优势，因地制宜地制定符合自然界作物生长规律的农作物区域布局，分区施策，宜农则农、宜牧则牧、宜林则林，建立与资源环境承载力相匹配的农业生产新格局，并把农作物布局在适宜它本身发展、生长最有利的地区。另一方面要通过构建稻麦水旱轮作、种养结合农牧互补、稻鱼共生、农林复合等生态模式或系统，互补互促、和谐共生。

2. 资源稀缺，节制利用

中国人多缺水，且时空分布不均匀，尤其是在山多地少的民族地区，这一矛盾更为突出。为了提高农田灌溉水的有效利用，壮族、苗族、瑶族、侗族、哈尼族等民族在南方山多地少的条件下，发展出了梯田自流的灌溉技术、

"上林下田、动态平衡"的水土保持技术、"林—寨—田—河"的资源综合利用技术，有效地解决了人口增长与耕地紧缺的矛盾以及水资源利用的问题。此外，当地民族地区还通过架筑水槽、修建水渠、坑沟、田塘、堰坝等方式连通森林中的山泉和山涧，形成了内外循环的水系，为农渔牧复合的生产系统提供了基础。在西北干旱区，生态环境脆弱，自然灾害多发，水资源的高效利用与管控是此类地区农业发展的命脉，因此当地的维吾尔族、锡伯族开发出相应的水利灌溉系统。大渠灌溉技术和坎儿井灌溉技术主要通过修建水渠、水井、蓄水池等集水、引水、输水、配水设施，注重雨水、冰雪融水、江河、湖泊等地表水的积蓄，并充分利用地势和水自身的重力实现自流灌溉，节约了水资源，提高了农业用水效率，同时因地制宜地发展旱作农业、节水农业，从而为当地民众的生存生活和农业生产的发展创造良好条件，并且能够调节气候，减少灾害，使生态环境向良性循环的方面发展。

近年来全球气候变暖，降雨带北移，北涝南旱的年份愈发增多。耗水量较大的南方稻作面临水资源的日益稀缺，如何应对气候变化增加雨水的蓄积、提高水资源的利用率、节约水资源，完全可以从民族地区的经验做法中得到有益启示。

为保护渔业资源，广西金秀沿河十村茶山瑶每年宣布关于捕鱼的季节和方法的公约，赫哲族分季节、按鱼类生活习性捕捞的方式，在一定时间内限制了捕捞力量，减弱了捕捞对种群结构和生态环境的破坏，使渔业生物得到了生长繁殖的时间和空间，更好地保护了产卵群体和幼鱼等渔业资源，渔业生物个体增重明显，经济种类比例增多，促进渔业生物的资源量、资源密度增加以及资源质量的提升，改善渔业资源的种群结构，在一定程度上还减弱了各类渔具对水生生物栖息环境的破坏，增强对渔业资源的养护。

在先民实践经验的基础上，当今中国从20世纪80年代起，逐步建立和完善了伏季休渔制度，对于节约渔业资源，推动相关水域水生生物的恢复性增长，水生生物资源多样性的保护具有重要的借鉴意义。

3. 地域独特，域内循环

少数民族生活的地区，大部分位于比较偏僻、交通闭塞的山区、半山区，还有一些分布在生存条件极其艰难的岩石裸露的石山地区、高温干旱的河谷地区、山势陡峭的高寒山区、地形破碎的高山峡谷地区。面对如此恶劣的生存环境，依靠资源消耗的粗放经营方式并不能满足民族地区对耕地、水等农业资源日益增长的需求，也不能缓解生物多样性的减少，以及生态系统退化的现象。民族地区在适应其生态环境、利用自然资源的过程中，形成了特定的复合生态系统，对生态环境保护和生物多样性起着重要作用。

农林牧复合技术系统构成的垂直梯度景观与水平地带景观，山、林、草、地、水与民居景观浑然一体，为休闲农业的发展提供了环境基础。此外，该技术系统对实现森林草原生态的保护修复，农业废弃物的资源化、能源化利用，化肥农药的减量增效，滩河林田草综合生态空间构建等方面的智慧和经验也具有很高的推广价值和借鉴意义。

地处云南漾濞地区的彝族民众在山高坡陡、沟箐纵横、干湿季节变化分明、垂直气候差异明显的地域条件下，在历史的农业生产中形成了农林相互依存、优势互补的核桃—作物农林复合系统。林地和农作物间套作复合栽培的模式改变因树种或作物单一而过分消耗地力的情况，有利于保持生物多样性、固碳释氧、提高农用有机肥利用率，实现了资源的循环利用，控制了化肥、农药的使用，进一步改善土壤质量，减少农业面源的污染，保护区域环境，促进绿色生产和农业可持续发展。

复合生产系统通过农田生态系统中不同生态位的相互作用，形成能量与资源的循环利用，不仅有利于提高农业用水效率，还改善土壤，推进病虫草害的绿色防治。农渔牧复合梯田生产系统还将森林系统与人工湿地系统有机结合，以水资源的高效利用为主线，贯穿了自然环境、生产环境与生活环境的动态平衡过程，形成了统一的水肥循环管理模式，有利于发挥稻田与森林的生态涵养功能，保护农业生物资源和物种多样性、推进生态修复，构建具有稳定性、可持续性的田园生态系统及林田村河的综合生态空间。

中国不仅仅是农业大国，也是畜牧业大国。随着经济发展，生产效率的提高，畜牧业走向了规模化养殖之路。但是规模化养殖并不是越大越好，尽管牲畜排泄物可以作为土壤有机肥，但是如果排放出来的牲畜粪便数量过于庞大，超出土壤承受范围，仍会导致土壤污染。与此同时，目前许多模养殖场对牲畜排泄物进行无害化初级处理，并没有做到完全的、全过程的无害化处理，没有形成全封闭的封环，还是有大量污染物被排放到自然界。因此，要全面提高畜禽养殖粪污综合利用水平，科学合理确定养殖规模，推广畜禽粪污综合利用技术及高效生态循环农业模式，支持规模畜禽养殖场与规模种植主体对接，实现种养结合、资源循环。

（三）倡导乡村绿色生活方式

生产和生活的平衡共同维系人类社会的持续发展。民族地区大多开发难度较大，生产水平有限，维持自身的发展，就不能仅靠循环利用的生产方式，也需要简朴低碳的生活方式与之匹配，与自然环境和谐共生、融为一体，形成了宜居宜业的美丽乡村。

1. 生态村落，宜居宜业

民族地区生态村落的布局各有巧思，但都秉持"因地制宜、因势利导"的原则，建造时严格遵循着自然的生态规律，寻求与自然的高度融合，以系统观、循环观的技术手段解决生产生活问题。地处西部边陲的白哈巴村，在新疆阿勒泰地区哈巴河县铁热克提乡境内，被称为西北第一村。村子坐落在一条沟谷之中，建在两条小溪之间的狭长台地上，依山傍水而立。密密麻麻的松树林一直延伸到白哈巴村里，村民住的木屋和圈养牲畜的栅栏错落有致地散布在松林和桦林之中。房屋是清一色的"人"字形尖顶木楞屋，可防雨防雪。顶棚和屋顶之间形成两头通风的尖阁，是储藏饲料和风干肉品的好地方，袅袅炊烟在白哈巴村上空飘荡，牛羊满坡，整个村落仿佛一幅人与自然和谐共处的山水画。这是个原始自然生态与古老传统文化共融、保存最完整的图瓦人居住的村落，一切都还保存着几百年来固有的原始风貌。云南红河哈尼族建立的"森林—村寨—梯田—水系"四位一体的山地农业在景观空间上实现人与自然高度融合，形成缺一不可的生态复合体。村落的建设规模取决于该村落拥有的森林和土地面积，当村落人口超过了所能承载极限时，有一部分人就要迁移建立新村落，以缓解生态压力，促进村寨与自然环境的和谐共生，从而为民族的繁衍生息提供一定的安全性和可持续性。

民族地区的生态村落往往是依山就势，通过对自然环境、地形的尊重，形成千变万化、独具特色的风貌，体现着"人与自然"和谐共生的关系，是传统文化的传承与重塑的载体。在乡村振兴的新征程上，在实现人与自然和谐相处的中国式现代化过程中，应把这些智慧加以提炼，处理好人与乡村环境的关系，首先要做好乡村建设规划，考虑当地资源的承载力，确定可承受的人口规模和可接纳的流动人口量；其次在引入现代生活方式的同时，注重对传统村落的保护；最后是注重人与自然的和谐，建设诗意栖居的家园，留住"乡愁"。

2. 恬淡简朴，低碳生活

民族地区人们的婚丧嫁娶，也厉行节约。傣族婚礼十分隆重，在举行婚礼时，族内老人用洁白的棉线拴在新郎、新娘手腕上，象征把两人的灵魂拴在一起，强调心相印，并不铺张浪费。对于丧葬，由于土地紧张，在传统社会中，仅有民族地区贵族才选择土葬，而平民基本都是非土葬。就是以土葬为主的穆斯林，也是遵循"厚养薄葬"的传统孝道原则。任何一位穆斯林，无论其生前多么富有或多么贫穷，亡故后一律只用三丈六尺*白布包裹后掩埋，身上不穿绫罗绸缎，墓内也不放任何物品陪葬。

新时代的乡风文明应是传统与现代的融合，反观现在中国农村社会出现

---

* 丈和尺均为旧制，1 丈≈3.33 米，1 尺≈0.33 米。

了厚葬薄养，曾经淳朴的价值观动摇，乡村恶习蔓延。天价彩礼、大操大办、铺张浪费、人情攀比等陈规陋习盛行。迫切需要引导农村新一代农民摒弃恶习。引导富裕起来的农民移风易俗，倡导婚事和丧事从简、自力更生致富等新风尚，培育淳朴民风和良好家风。同时，要继承和发扬勤俭节约等优秀传统美德，培育绿色简约生活新风尚。我们应当从自身做起，从身边小事做起，减少一次性物品的使用、推进生活垃圾分类处置和快递包装物回收利用，践行文明就餐、光盘行动、节水节电等行为习惯，减少超前消费、炫耀性消费、奢侈性消费和铺张浪费现象，实现家庭生活方式和消费模式向勤俭节约、绿色低碳、文明健康的方向转变。

（四）发挥文化习俗的教化作用

法律法规是国家保护生态环境、可持续利用资源的根本准则。然而法制的完善和法律权威的建立需要长期渐进的过程，实践中大量对人们行动约束，是通过道德、文化、习俗、乡规民约来实现的，它在社会各个层面、详细规范人们的行为。民族地区先民自古以农业为生，其"地域性文化和习俗"本质上是农业文化以思想、艺术等形式的具体表达，且极具特色。通过乡规民约、节庆风俗、谚语歌谣以及头人乡贤表率引领等方式传承至今。

1. 乡规民约，相沿成习

乡规民约各地乡村群众集体制订，自觉履行，用以自我约束，自我管理的民间公约。民族地区崇尚自然，遵循自然法则，在生产生活中形成许多正确处理人与自然关系，保护生态的乡规民约。例如，羌族会在神林设置专人看护，并执行严格的搜山制度，因而当地神林树木繁盛，动物繁多。与羌族一样，许多民族地区都相信万物有灵，将山、水、林等自然物质当作神灵崇拜。再如，哈尼族人在村规民约中规定：不准毁林开荒、不准猎捕野生动物、不准私家自开沟取水等等，这些与资源保护相关的乡规民约，将人们日常生活的行为规范细化，虽有一些村规民约还被神化，并带有一定迷信色彩，但对民族自身的生息繁衍和生态环境的保护，有着积极作用和影响。在当今生态文明建设的背景下，一方面国家要通过立法来保护生态环境和资源；另一方面要重视在道德、文化、习俗、乡规民约等方面培养人们敬畏自然、爱护自然的观念，倡导绿色低碳的生活方式；在生活细节上，通过制定乡规民约来约束人们行为，并逐渐演变成习俗，使保护环境的意识深入人心。

2. 节庆风俗，寓教于乐

节庆风俗源自乡村社会，是农业文明的产物。云南鹤庆地区白族的风俗十分特别，每逢新的人生阶段就要植树留念，将生命与林木融为一体，终生以植树为乐。婴儿出生，种"添丁"树、"根基"树；孩子取名，种"命名"树；满月时，种十二棵"满月"树；周岁时，种"周岁"树。长大入学，种"入学"树；毕业种"谢师树"，……其他如婚丧嫁娶等活动也都少不了种树。与乡规民约一样，民族地区有关生态的节庆风俗，对农业绿色发展有积极意义，这是其教化群众、形塑农村精神风貌的文化作用。同时，深入挖掘民族地区其他优秀节庆风俗，可以培育特色农村文化品牌，丰富村民文化生活，发展乡村休闲旅游业等新兴业态模式，实现乡村产业兴旺。

3. 谚语歌谣，传承文化

谚语歌谣人民生产生活实践经验的总结，通俗易懂，流传广泛。从生态伦理学的视角看，民族地区的谚语歌谣记录和传承各族人民对生态伦理问题的深层思考。例如，维吾尔族谚语中有不少的爱护土壤、爱护土地的观念和看法。比如说："大地是父亲，大地也是母亲""土地犹如金桩，永远开垦不完""土地是人民的命根，水就是农民的血""只有人养地，地才能养人""不是地不好，而是人不勤""土地吃不饱，人民会挨饿""地能报复，火能烧身""哄土地就是哄自己"，这些谚语表明维吾尔族人尊敬土地、以土地为存在的依据和基础的观念，同时显示出人与大地之间的关系，对土地的认识程度和保护土地的观念。谚语歌谣是各族人民集体创作、口头传承的艺术语句。而语言是组成社会人文环境的基本粒子，语言中容纳了人类精神的所有可能，没有任何一种思想能够悬空地存留于语言空间之外。因此，生态文明的当代建构可以充分吸收民族地区谚语歌谣中的思想资源，做到推陈出新、古为今用。

传承民族地区传统农业文化和习俗，可以发挥其潜移默化的特点，与强制性的法律法规形成互补。风俗文化的合理利用是国家法规的延伸部分和重要的支持系统，也是当代法治的不可或缺的本土资源。因此，在推进农业绿色发展过程中，既要健全法制、完善法治，也不能忽视传承具有丰厚历史积淀和广泛群众基础的民族生态文化。

三、弘扬传统农业生态智慧的措施建议

党的二十大报告指出："中国式现代化是人与自然和谐共生的现代化。人与自然是生命共同体，无止境地向自然索取甚至破坏自然必然会遭到大自然的报复。"2021年由农业农村部等六部委印发的《"十四五"全国农业绿色发展规划》指出：农业绿色发展是生态文明建设的重要组成部分，通过构建节约资源、保护环境的空间格局、产业结构、生产方式和生活方式，推动农业发展与资源环境承载力相匹配、与生产生活生态相协调的农业发展方式。这就要求我们从各民族地区传统农业文化遗产中汲取尊重自然、节约资源、保护环境和维护生态平衡的智慧，传承发扬博大精深、悠久璀璨的中华农耕文明，把握农业发展新理念，寻求农业发展"新途径"，打造农业发展"新引擎"，构建具有中国特色的农业绿色发展道路，为建设生态文明、实现碳达峰、碳中和、促进人与自然和谐共生创造良好条件。

（一）深入挖掘、广泛宣传农业文化遗产价值

首先要深入挖掘农业文化遗产的价值。中国古代劳动人民和先贤们围绕生产活动与生态系统运转、主观能动与客观世界相结合，不断总结经验和教训，形成了带有鲜明绿色特征的优秀农耕文化，留下了富有当代价值的历史

瑰宝。梳理上下五千年农业发展的生态变化，追根重大的生态方面的历史教训，加以深入、全面、系统的分析研究，特别要加强对典型代表性区域的深入研究，从点到面找出正确客观的研判，为当代农业绿色发展提供历史借鉴，避免在发展中重蹈覆辙。要从多学科、多角度、全方位深入探究民族地区农业文化遗产的智慧、贡献和价值，全面揭示其在农业生态经济系统中人与人、人与自然、人与社会的新型和谐关系的影响机制和外力作用，为现代农业走绿色发展之路提供理论与实践借鉴。

其次，要加强公众对农耕文化的认知和保护传承意识。一是要及时了解发掘和保护工作的进展情况，不断总结经验，通过媒体宣传；二是要运用现代展示手段开展"农业文化遗产+互动"新模式对农业文化遗产中的生物多样性、传统知识、技术体系、独特的文化景观等进行充分展示，吸引人们走进农业文化遗产，进行多层面交流，扩大农耕文化的影响范围；三是要举办农业文化遗产对外交流活动，延展其国际影响力和凝聚力，扩大农业文化遗产信息的传播深度和广度，丰富其保护传承理念，拓展传播格局，增强国民对民族文化的认同感、自豪感。

（二）建立农业文化遗产的保护体系

保护农业文化遗产，不仅要将与传统农业生产休戚与共的田地、水系、山林等自然环境以及构成农耕文化区有机整体的房屋、道路、交通等人文设施与景观列为保护对象，而且要将农业耕作技术、生产经验、劳动工具、精神信仰和特有农作物品种与生物资源，以及先民在长期的农业生产实践中创造的精神文化遗产，包括在农业生产、农村生活中产生的礼仪、节庆、信仰、饮食、服饰、婚嫁、民间艺术等文化表现形式以及因农业生产而形成的风俗习惯、道德价值观念等活态文化纳入保护规划，强调农业文化遗产的整体性、动态性、适应性保护与管理。在历史上民族地区通过禁忌规定、乡规民约、立法措施等成文和非成文的法律保护措施，最大程度地保护了自然资源和生物多样性的丰富和完整。

在农业现代化快速推进的今天，确保农耕文化遗产能够活态传承下来的任务十分艰巨，迫切需要对治理生态系统的整体性、系统性以及其内在规律的整体把握，全面建立以绿色发展为导向的、激励和约束并举的生态文明制度体系，出台切实可行的一揽子农业文化遗产保护管理办法、政策法规及规章制度，全面构建农业文化遗产保护的长效且严格的机制，建立健全资源和生态管理的统一机构，将已经实施的美丽乡村建设、休闲农业与乡村旅游发展、民族文化保护、农村生态建设、农业产业结构调整与"三产"融合发展、现代生态循环农业发展、新型农民培训与"双创"等政策进行有机结合，全方位、全地域、全过程推进中国生态环境保护建设和绿色产业转型升级。

（三）促进农业文化遗产的活态传承

包括民族地区在内的各地农业文化遗产是先民创造、世代传承并不断发展的传统农业的宝贵财富，要按照"在发掘中保护、在利用中传承"的思路，结合民族地区的实际情况，以带动当地农村经济社会可持续发展为出发点和落脚点，积极探索和完善保护农业文化遗产的政策措施，拓展工作思路，创新工作机制，形成农业文化遗产保护和传承多方参与机制，推动动态保护与适应性管理，政府企业公众共治的绿色行动体系，构建农业文化遗产保护的长效机制。

一是因地制宜制定当地文化保护性的长期规划，分步实施。划定遗产开发利用的"红线"，特别是根据资源承载力，划定永居人口、农田等，给予适当补贴。从制度上杜绝各地为发展地方经济而对遗产生态和文化造成破坏；二是坚持在"发展中保护、在保护中发展"的原则，要引入现代农业技术和装备，尤其是微型机械设备，解放劳动力，使遗产地农业生产得至可持续的发展；三是建立以农业文化保护、耕种技术保护、农业景观保护、人文生态保护、生物多样性保护和社会经济发展为评估依据的指标体系；四是建立农业文化遗产保护的"政策激励机制"，鼓励农户沿用传统耕种技术与方式。建立健全政府主导下的多元化生态补偿机制，以中央政府补偿为主、各省（区、市）横向补偿为辅，探索项目、政策、资金、人才智力、技术、实物等多种生态补偿方式；五是建立农业文化遗产保护的"产业促进机制"。根据"谁受益、谁付费"的原则，积极开辟新的资金渠道，持续提高农业文化遗产保护区的生态服务功能。农业文化遗产多处于经济落后、生态脆弱、文化丰厚的地区，肩负着经济发展、生态保护、文化传承的多重任务，应当调动当地居民对遗产保护的积极性，探索动态保护与适应性管理的新思路；六是建立合理的利益共享机制，保障承担遗产传承群体的基本利益，增强农业文化保护地生态涵养区的"造血"功能，实现"输血式"补偿与"造血式"补偿并重并举；七是建立农业文化遗产保护的"多方参与机制"，建立政府推动、科技驱动、企业带动、社区主动、社会联动的"五位一体"的多方参与机制。由政府发挥主导作用，制定相关保障性政策，实施规范化管理，组织规划编制和实施，负责资金筹措等，将农业文化遗产保护与利用纳入地方发展的总体布局中；八是建立完整的监测体系和动态监测信息平台，在农业文化遗产申报及管理、科学研究、机制建设、推广示范等多方面展开积极探索，积累农业文化遗产保护工作的独特经验。

（四）推动农业文化遗产的创造性转化、创新性发展

目前，中国农业正处于从传统农业向现代农业转型的关键时期，将以农业绿色发展为导向推进农业现代化。这就要求我们在现有农业资源的前提下，结合民族地区农业文化遗产所蕴含着"朴素的农业绿色发展思想和理念"，需要人们去传承弘扬，同时在新的历史条件，必须与现代农业先进技术相结合，探寻出最适宜当地生产的种植品种、耕作技术或放牧方式，提高农业资源的利用率和产出率，探索适合本地区的农业绿色发展模式，建立规范合理、标

准统一的技术方案,并把成熟的技术装置化,赋予它活力。通过技术的数字化、装置化、智能化,在减少生产者劳动强度的同时,节约和集约资源,促进人与自然和谐共生,推动构建人类命运共同体,推进绿色农业创造性转化、创新性发展。

加强对民族地区物种基因的保护和开发。中国民族地区有着得天独厚的地理环境和气候条件,生物遗传资源的总量及分布在全国占有不可忽略的重要地位,如野生稻遗传资源主要分布在中国南部和西南部少数民族地区。面对人口持续增加,农业资源数量减少、质量退化,极端天气频繁出现,粮食安全问题面临更严峻的挑战。在中国种业产品同质化严重的背景下,贯彻实施种质资源国家保护战略,大力推进民族地区作物基因表型研究,集农学、生命科学、信息科学、数学和工程科学于一体,将生物技术、信息技术、智能装备相结合,通过高通量表型监测加速整个育种进程,加强对民族地区保存的农作物品种保护,加快推进农业新品种新技术的开发和应用。

民族地区丰富多彩的生态文化,表达了民族地区人民对生产环境以及生存世界的朴素的农业绿色发展思想,蕴含着人与自然和谐相处的理念,对人们的行为产生潜移默化的影响,它植根于本国、本民族历史文化沃土上。我们应坚持古为今用、把现代科学技术与传统智慧有机结合,把传统的农业生产理念与现代科技、现代农业经营结合,对传统农业进行改造,促进传统农耕文化与当代农业生产耦合,进行创造转化、创新性发展,实现从"靠天吃饭"到"精准种养、知天而作"的转变,提升农业的现代化水平,推进农业绿色发展。

(五)有序开发农业文化遗产的多种功能

未来中国的农业是以绿色发展为引领的现代化农业,要从战略和全局出发,把农业文化遗产发掘保护与发展现代农业、促进农民增收和建设美丽乡村有机结合起来。开发民族地区农业文化遗产的文化传承、生态保护等多种功能，发挥劳动密集型的特色农业和农产品加工业、手工艺品制作、生态与文化旅游以及生物资源产业、文化创意产业等的优势，促进农业提质增效、农民就业增收、农村和谐稳定，实现民族地区农业的可持续发展。

充分挖掘农业文化遗产的多功能已成为促进当地经济发展的重要途径。在有效利用中进行保护，在开发利用中促进传承，在传承中实现创新，为农村产业发展和产业融合奠定基石。在农业文化遗产的多种功能中，生态功能是基础，生产功能是本质。尽管使用了化肥、农药、农用薄膜、高产良种、农业机械等现代生产要素，对提高民族地区的粮食生产，解决民族地区的温饱问题起到了立竿见影的效果。但是改造民族地区的传统农业，不能忽视民族地区在长期的农业生产实践中创造出来的农耕文化的价值与作用。应该秉持"在发掘中保护，在利用中传承"的基本原则，推进传统农耕文化思想和现代科学技术相结合，积极发展农产品加工业、食品加工业、生物资源产业，特别是文化创意产业、乡村旅游产业等为主要内容的多功能农业，逐步建立起农业功能拓展、三产融合发展的新型农业产业模式，实现农民从"农业生产者"向"多种经营者"的转变，农事活动、乡村景观、传统民俗、生态环境向生态与文化旅游资源的转变，原来自给自足的农产品向具有更高附加值的特色农产品、高端消费品和旅游纪念品的转变，让更多的附加值留在农村。要调动农民的积极性、创造性，让农民成为开发的主体，防止农民的利益被侵犯，变成局外人，让农民分享产业发展的成果。以农业生产和乡村旅游为中心，依据产业间关联性，通过一系列产业措施和运作机制，有序进行多功能开发，防止游客过多超出承载，使遗产地的经济发展潜力得到释放、生存环境得到优化、人民生活水平不断提高，避免无序和过度开发，从而真正将优质资源转化为文化红利。

参考文献

白艳莹，闵庆文，左志锋，2017. 湖南新化紫鹊界梯田 [M]. 北京：中国农业出版社．

包桂芹，2015. 蒙古族传统文化中的生态思想研究 [J]. 北方民族大学学报（哲学社会科学版），（5）：64-67.

曾雄生，2014. 中国农业通史·宋辽夏金元卷 [M]. 北京：中国农业出版社．

陈阜，隋鹏主，2019. 农业生态学 [M]. 北京：中国农业大学出版社．

陈文华，2007. 中国农业通史·夏商西周春秋卷 [M]. 北京：中国农业出版社．

陈兴贵，平锋，2012. 彝族传统文化中的农业知识与实践 [J]. 黑龙江民族丛刊，（4）：134-141.

程丽云，2017. 赫哲族传统自然观的生态意蕴及现代审视 [D]. 吉林：吉林大学．

丁木乃，2020. 挖掘好、利用好传统生态智慧——以彝族"尔比"为例，中国民族报 [N]. 2020-12-15.

董广辉，杨谊时，韩建业，等，2017. 农作物传播视角下的欧亚大陆史前东西方文化交流 [J]. 中国科学：地球科学，47（5）：530-543.

方铁，2006. 南北方古代民族融合途径及融合方式之比较 [J]. 烟台大学学报（哲学社会科学版），（1）：79-87.

高龙，2020. 滇西南少数民族地区传统习俗对生态保护的启示 [J]. 普洱学院学报，（2）：42-46.

管彦波，2005. 试论东北朝鲜族的稻作 [J]. 黑龙江民族丛刊，（2）：97-102.

韩光明，2012. 浅谈赫哲族的渔业民俗 [J]. 黑龙江民族丛刊，（5）：140-143.

何星，2016. 贵州南部侗族传统生态知识和理念研究 [D]. 杭州：杭州师范大学，

何永之，2022. 西藏生态宜居建筑环境营造与人居智慧 [J]. 民族学刊，（1）：66-72，138.

积全,1992. 水族民俗探幽 [M]. 成都:四川民族出版社.

蒋高宸,1997. 云南民族住屋文化 [M]. 昆明:云南大学出版社.

赖毅,严火其,2013. 我国彝族传统农业的生物多样性特点及其可持续发展 [J]. 农业现代化研究,(4):440-445.

李军,2016. 农作学 [M]. 北京:科学出版社.

李图仁,2018. 壮族传统社会生态保护意识的传承与利用 [J]. 民间法,(1):308-316.

李文华,刘某承,闵庆文,2014. 农业文化遗产保护带活生态农业 [J]. 北京农业,(14):6-11.

梁士楚,李铭红,2015. 生态学 [M]. 武汉:华中科技大学出版社.

刘北桦,唐志强,2021. 中国传统农业的生态智慧 [M]. 北京:中国农业出版社.

刘某承,闵庆文,何惠民,2017. 甘肃迭部扎尕那农林牧复合系统 [M]. 北京:中国农业出版社.

刘亚萍,李银昌,2016. 生态文化新论 [M]. 北京:中国环境出版社.

龙玉杰,2015. 从可持续性看黔东南传统苗族民居 [J]. 贵州民族研究,(12):97-99.

卢勇,唐晓云,闵庆文,2017. 广西龙胜龙脊梯田系统 [M]. 北京:中国农业出版社.

路永照,2021. 论维吾尔族生态伦理思想形成的文化要素 [J]. 宗教信仰与民族文化,(1):284-295.

马宗保,等.2013. 西北少数民族的生态文化 [M]. 北京:科学出版社.

闵宗殿,2007. 中国农业通史·明清卷 [M]. 北京:中国农业出版社.

石硕,2014. 藏彝走廊历史上的民族流动 [J]. 民族研究,(1):78-89,125.

史军超,1998. 哈尼族文学史 [M]. 昆明:云南民族出版社.

舒松,2019. 民族地区生态环保村规民约的作用机理及其实证分析 [J]. 贵州民族研究,(11):52-60.

孙圆,梁子瑜,汪贵斌等,2020. 农林复合经营工程领域研究热点与前沿分析 [J]. 南京林业大学学报（自然科学版），44（06）：228-235.

佟德富，2015.蒙古族生态观之思想渊源[J].西南民族大学学报（人文社会科学版），（4）：72-77，5.

王利华，2009.中国农业通史·魏晋南北朝卷[M].北京：中国农业出版社.

王明珂，2013.华夏边缘：历史记忆与族群认同（增订本）[M].杭州：浙江人民出版社.

王维利，张思琦，2017.浅析维吾尔族传统文化中的生态保护意识[J].北方文学，（17）：177，179.

王玉超，刘明坤.2015,云南少数民族地区古代乡约与生态文化[J].山西师大学报（社会科学版），（2）：49-53.

邬晓霞，张双悦，2017."绿色发展"理念的形成及未来走势[J].经济问题，（2）：30-34.

杨波，何露，闵庆文，2020.文化景观视角下的农业文化遗产认知与保护研究——以云南双江勐库古茶园与茶文化系统为例[J].原生态民族文化学刊，12（5）：110-116.

杨京彪，夏建新，冯金朝，等，2018.基于民族生态学视角的哈尼梯田农业生态系统水资源管理[J].生态学报，38（9）：3291-3299.

杨曦宇，2016.西南山地少数民族传统生态文化传承发展与保护分析[J].绿色科技，（17）：156-157，160.

叶禾，2011.少数民族民居[M].北京：中国社会出版社.

尹仑，2016.中国民族生态法律制定研究[J].云南社会科学，（5）：106-111.

尹绍亭，2021.人类学生态环境研究[M].北京：中国社会科学出版社.

游修龄，2008.中国农业通史·原始社会卷[M].北京：中国农业出版社.

于法稳，2016.习近平绿色发展新思想与农业的绿色转型发展[J].中国农村观察，（5）：2-9，94.

于法稳，2018. 新时代农业绿色发展动因、核心及对策研究 [J]. 中国农村经济，（5）：19-34.

袁海毅，2016. 开创农垦富民兴边的"江城模式" [J]. 云岭先锋，（7）：36-37.

袁倩，2019. 乡村绿色发展之路——坚持人与自然和谐共生 [M]. 北京：红旗出版社.

张波，樊志民，2007. 中国农业通史·战国秦汉卷 [M]. 北京：中国农业出版社.

张灿强，吴良，2021. 中国重要农业文化遗产：内涵再识、保护进展与难点突破 [J]. 华中农业大学学报（社会科学版），（1）：148-155，181.

张丹，闵庆文，2015. 贵州从江侗乡稻—鱼—鸭系统 [M]. 北京：中国农业出版社.

张琳杰，李峰，崔海洋，2014. 传统农业生态系统的农业面源污染防治作用——以贵州从江稻鱼鸭共生模式为例 [J]. 生态经济，30（5）：131-134.

张苏强，刘魁，2018. 西南少数民族地区的绿色发展探究 [J]. 贵州民族研究，（8）：177-180.

张璇如，陈伯霖，谷文双，等. 1999. 北方民族渔猎经济文化研究 [M]. 吉林：吉林人民出版社.

张媛，2014. 媒介、地理与认同：中国西南地区少数民族国家认同的形成与变迁 [D]. 杭州：浙江大学.

赵霞，2014. 维吾尔族传统生态伦理观及其现代意义 [J]. 西北民族研究，（3）：97-105.

赵志军，2015. 小麦传入中国的研究——植物考古资料 [J]. 南方文物，（3）：44-52.

钟秋思，丁莹，2020. 佤族民间信仰中的生态智慧与实践 [J]. 贵州民族研究，（2）：142-147.

周伟洲，2008. 西北少数民族地区经济开发史 [M]. 北京：中国社会科学出版社.